我们在老舍纪念馆

主编 王红英

副主编 何婷 尉苗

中国国际广播出版社

张永刚摄影作品

——老舍纪念馆

序言

老舍纪念馆馆长　王红英

　　老舍纪念馆是在 1999 年老舍先生诞辰 100 周年纪念日时正式对外开放的。在纪念馆刚刚开放的时候，老舍先生的夫人胡絜青女士曾经写下一句话："贺我们的家成为大家的家。"从那时起，一转眼，老舍纪念馆已走过了二十个春秋。

　　在这二十年中，纪念馆接待了数十万来访者。他们中有坐着轮椅来的白发苍苍的老者，有被抱在怀中牙牙学语的孩童，有青春洋溢的学子，也有风尘仆仆的旅人。在这个宁静的小院儿里，有人感动落泪，有人会心微笑，有人悲从中来，有人立志奋起。为了老舍先生，他们从天南海北聚集到这里，他们和老舍先生之间，和老舍纪念馆之间，产生了无数个故事。这本书，就是要讲述这些故事，更希望未来的十年、二十年能有更多收获呈现给大家。

　　庆贺春来，万象更新。愿更多的人能走进这个"家"，愿他们能把体会到的感动和欢乐都传递下去，愿爱老舍先生的人常回家看看！

　　附识：本书部分图片由文章作者拍摄，部分图片由老舍纪念馆提供。

目录

缅　怀

感　悟

传 承

附　录

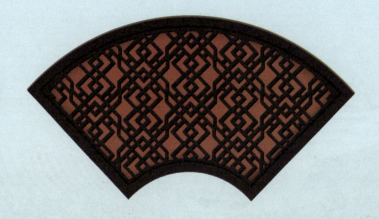

致　敬

老舍纪念馆供图

参观老舍先生故居有感

刘天睿

跨过黑漆大门，迎面是一座砖砌的"一字影壁"。绕过影壁，我就进到了一个普普通通的北京四合院。院子不大，里面种着两棵柿子树，每逢深秋时节，柿树缀满红柿，别有一番诗情画意，因此这个小院又叫"丹柿小院"。这里就是老舍先生的故居。

老舍先生在这里生活了 16 年，创作了很多脍炙人口的文学作品，其中最为著名的是《龙须沟》《茶馆》《正红旗下》。话剧《茶馆》被称为中国近代的史诗，成为北京人民艺术剧院的保留剧目。《龙须沟》则是新中国的赞歌，使他荣获了"人民艺术家"的光荣称号。

因为明天就是大年三十，所以小院被布置得格外有年味儿，红红的灯笼挂在屋檐下，十二块展板立在小院里，都是关于老北京的一些风俗习惯，还有老舍笔下的北京年节等。

老舍纪念馆供图

　　进到小院的西厢房，在这里我们可以了解老舍先生的一生，就如同墙上的前言中所写："时间为经，地点为纬，老舍先生的一生是中国近现代史的一道缩影。这位现实主义作家用自己的笔忠实记录了一个国家的命运沉浮、普通大众的悲欢离合。"展览分为正红旗下——童年习冻饿、执教英伦——踏上文学路、山东岁月——悠居山水间、转战川鄂——男儿当请缨、游历美国——交流与抉择、丹柿小院——拥抱新中国六个部分，每个部分都配有大量中英文说明文字和图片。因为老舍先生出生的第二天正是"立春"，所以父亲给他取名为"舒庆春"。老舍先生曾幽默地说："灶王爷上了天，我落了地。"1899年2月3日老舍先生出生，1900年八国联军侵华，老舍父亲作为北京城的护军死于这场战乱，"满城都是刀光剑影"的童年，老舍先生看尽了旧时北京的衰败和国家的贫弱。这样的经历为老舍先生后来的创作奠定了基调，他始终都保持着最贴近人民的姿态，作品大都将目光聚焦在底层老百姓的生活上。

在这个展厅里还能听到老舍先生年轻时的声音，这是老舍先生为英国灵格风语言中心编写的世界上最早一套汉语教材《言语声片》，古老的留声机里反复播放着老舍先生讲的第 26 课上下，里面的对话很有意思，乙说："葛先生，还抽水烟吗，有点太不时兴了。"甲说："我只是在家里吃水烟，出门的时候总是抽烟卷儿，因为水烟袋拿着不方便。"乙说："你简直的不吃叶子烟吗？"甲说："不行，那个太辣，吕宋烟我也办不了。"一口的京片子，带着独有的老北京的腔调儿，现在真的很难听到了。

因为老舍故居今年刚刚升级改造完毕，这个屋里还增加了很多可以互动的屏幕，有老舍先生的名著欣赏互动平台，我最感兴趣的就是"祥子快跑"的游戏，这个游戏共有六条祥子拉车路线，通过掷骰子可以看到祥子在不同拉车路线上的遭遇。比如第三条线路就是祥子从东城拉曹先生回曹宅，结果碰到了路边的石头，祥子栽了出去，把曹先生也摔伤了的场景。

老舍纪念馆供图

西屋是老舍先生曾经住过的房间。阳光透过玻璃静静地落在书桌上，钢笔墨瓶上，床上铺开的扑克上，唯独不见了老舍先生最爱的小猫和盛开的菊花，日历翻开的那一页是 1966 年 8 月 24 日，那是老舍先生人生的最后一天，时光仿佛就此凝固，整个空间都停在了过去。

进小院的东厢房，这里陈列着老舍先生各个时期不同版本的作品，有先生的第一篇小说《小铃儿》，有《四世同堂》的中外文版本，有《骆驼祥子》的手稿，还有老舍先生用过的毛笔，砚台，北京市人民政府给他颁发的"人民艺术家"的奖状，等等。这大量的图片、照片、图书、手稿展示了老舍先生一生的成就。

在老舍先生故居院墙外，灰墙上白底黑字写着他为加入全国文艺界抗敌协会所写的《入会誓词》："我是文艺界中的一名小卒，十几年来日日操练在书桌与小凳之间，笔是枪，把热血洒在纸上。可以自傲的地方，只是我的勤苦；小卒心中没有大将的韬略，可是小卒该作的一切，我确是作到了。以前如是，现在如是，希望将来也如是。在我入墓的那一天，我愿有人赠给我一块短碑，刻上：文艺界尽责的小卒，睡在这里。"

走进这个小院的时候，我只是匆匆瞥过一眼这段誓词，从这个小院出来，我认真地读了一遍这段誓词，在老舍先生故居中的所闻所见让我开始了解老舍先生的这段话，开始走近老舍先生，这位以"舍予"为名，以"舍予"为则，以"舍予"为行，真正将自己奉献给了老北京文化，奉献给了文学创作，奉献给了人民大众的"小卒"。老舍先生是当之无愧的人民艺术家。

我在老舍故居小院

何芝墨

提及北京的文人墨客，脑海里总会闪现"老舍"二字，总会想起他笔下那些活灵活现的人物来。

印象中第一次读老舍先生的作品是在小学课本上，这些年来，我都津津乐道于他独特的"老舍式幽默"。那天借着到王府井大街做专业课题调研的机会，有幸参观了老舍先生的故居。

老舍故居在王府井大街附近，上午十点街上还不算拥挤，都市的嘈杂声还没到来，我饶有兴趣，边走边看。有道是，心情好，看什么都是欣赏。

老舍先生的故居有些难找，费了半天劲才找到了那条"丰富胡同"。这条胡同仅有 2—3 米宽，有 200 多米长，非常整洁。一边有六七座院子，只有一家开着门，小院里面拥挤杂乱，毕竟这是百姓居家过日子。

老舍故居位于丰富胡同 19 号，这是普通的"二进门"式北京四合院，硬山搁檩，整个院落布局紧凑。正门坐西朝东，灰瓦门楼，门扇为黑漆油饰。门口写着免费开放四字，迎着匆匆过往的游人。

一进门，迎面是一堵灰砖砌成的影壁墙，墙中间有个"福"字，南边一侧有两间小房，房头有条小道通向小院；小院不大，里面还有几间矮小的房子，但这些都作为工作人员的办公处谢绝参观，可供参观的只是二进门的院子。此刻一个穿着保安制服的大哥微笑着迎了上来，让我到一旁的窗台上领取免费门票。

二进门也不大，跨过门槛，跃入眼帘的是在北京也极少见到的五彩木影壁；中间有一个很娟秀的手写"福"字，这是老舍夫人的亲笔。这处影壁墙比普通的要小些，显得时间更为久远。

院子里青砖铺地、正房朝南，两侧是老舍夫妇亲手栽植的两棵柿子树。每逢深秋时节，红柿缀满枝头，别有一番诗情画意，为此先生夫人胡絜青为其取名"丹柿小院"。院子四周放着几条长椅，靠西南角的地方，静静地立着一口半人高的金鱼缸，据介绍老舍先生写作休息时喜欢在此观鱼。

院子里两棵柿子树的树冠已经高过了屋檐，树梢仿佛能戳破那四四方方的天空。

一切仿佛还是鲜活生动的：老舍先生踱着步从书房出来，走到鱼缸边给鱼喂食，逗着躲在鱼缸背后伸懒腰的猫，厨房的饭香飘来……

小院里有一尊塑像，他戴着眼镜，目视前方，面色安详坚毅，那就是老舍先生。下方刻着"老舍 1899—1966"字样。我迫不及待地与老舍先生的塑像合影一张。

这个幽静的小院方方正正、规规矩矩；地处闹市，却在闹中取静、有别样的雅致；想来这是先生喜欢这里的原因之一。

展厅有三处，分布在三个方向，走进屋子，一种严肃感油然而生。

我细细地看了每一处地方——一字一句、每一个图画和史料简介。最后来到了老舍先生生前的房间，里面布局很简单，然而谁又能想到那其实是老舍先生和齐白石大师、郭沫若先生等一位位名人饮茶赏文的地方呢？

老舍纪念馆供图 1899-1966

从那小房间里摆设的简单家具，我仿佛看到了当年老舍先生坐在书桌前奋笔疾书的模样。

在这间几平方米的小屋中，老舍先生创作了《骆驼祥子》《龙须沟》《四世同堂》《茶馆》等诸多作品。他一生笔耕不辍，有着"人民

艺术家"的称号。

小屋窗前是观众留言区，这里摆放了一张桌子、一把椅子、一本留言簿和一支笔。

老舍先生喜欢小动物，他的鱼缸里有四条金鱼；先生一开始讨厌母鸡，因为它的叫声实在让人心烦。可是当先生看见母鸡怎样教小鸡捉虫、刨土，又把小鸡放到温暖的翅膀下时，就此喜欢上母鸡了。先生在《母鸡》中写道："它勇敢、负责；每一位母亲，都是一个英雄。"老舍先生特别爱猫，家中总少不了猫的影子。他的猫叫"小球"，也叫"舍猫小球"。先生还写了一本幽默的《猫城记》。

老舍先生还做过许多事：写京剧、唱京剧、说相声、演双簧、唱大鼓、写曲剧。身体力行是老舍先生的风格。

细读着展厅墙上一条条老舍先生的介绍，从他比我还年幼到他临终之前，我感觉这位差点获得诺贝尔文学奖的万人景仰的大文豪，仿佛就是一位普通的老爷爷，平和且慈眉善目。

每天养些花草鱼虫，与友人喝茶谈笑，不用关心其他的凡尘俗事。这是老舍先生生活的表象，从知道先生临终曲折的故事伊始，我便对他产生了一种敬畏。

有人说老舍的文章总是平和的、不会伤到任何一位读者的自尊心，而只有他自己明白这些平和下面、社会真正的面目，并不是如此慈祥的。

那位在馆内工作的大哥跟我详细地说了很多老舍先生的故事："……我啊！这每天早上穿上工作服，就开始把这院里每一处地方都好好拾掇拾掇；这玻璃啊，我都擦出感情了，你说是不是？"那一刻，我又一次体会到了人们对老舍先生的怀念。

时间已经到正午了，我足足在这个不大的小院里待了两个小时；走出来的时候再回望那柿子树，那老舍先生和他夫人热爱的丹柿小院，脑海里闪现他们一起斗鱼的场景。看着老舍先生的夫人每年回来写的由"多"和"福"组成的"福"字；看着那穿着保安制服、拿起抹布细细擦拭木门灰尘的大哥，我也默默地，转过身，对那宁静的一切深深地鞠了一躬。

老舍纪念馆供图

老舍纪念馆供图

老舍纪念馆供图

老舍故居冬季民俗活动

老舍纪念馆供图

老舍纪念馆供图

老舍故居志愿服务有感

王涛

这是坐落在老北京胡同的一间颇有情趣的四合院，踏入高高门槛的瞬间，一股书香味就扑面而来。时光荏苒，转眼我就要从大一升入大二了。在这短短的几个月内，我经历了和老舍故居的初见、相识和相知，对老舍先生也有了更深入的了解，这无疑是我人生中一段宝贵的经历。下面就让我们从初见开始说起吧。

我是一名对外经贸大学的学生，大概是半年前，得知学校有老舍故居志愿讲解的项目，我不假思索地报了名。这是我第一次踏上去老舍故居的路，当时，内心很是期盼，期盼能一睹老舍先生昔日的些许风光。地铁一站一站地到达，终于，来到了灯市口。我们一行人怀着崇敬的心情来到了老舍先生的门前。迎面走来的是一位很热情的阿姨，她负责对我们进行培训。当时，听完阿姨的讲解，在感慨老舍先生生平的同时，也不禁担忧这么大的信息量，万一讲解不好怎么办。于是，怀着忐忑的心情回到学校，开始认真准备下周末的第一次讲解。

一周过后，同小组的同学一起早早来到了老舍故居，路上，还时不时拿出稿件看。随着第一波客人的到来，我们开始了两个小时的工作。

"您好，请问您需要志愿讲解吗？"这是我们的开场白。里外影壁，祈福避邪；丹柿小院，金菊红柿；鱼缸戏鱼，惬意自在。一展厅，儿时往事，年幼丧父，得人相助，成长艰辛，求学不易，学业初成，出国留学，直至《骆驼祥子》。二展厅，老舍主厅，旧时陈设，沙发书桌，珍贵字画，夫人居室，先生遗物。耳房，隔离嘈杂，环境清幽，书橱字台，清晰可见。三展厅，抗战风雨，笔杆斗争，远赴重庆，《四世同堂》，流传百世，赴美讲学，回新中国，继续创作，《茶馆》问世，与人交好，死于非难。我们细心地讲解，游客们认真地聆听，每当看到他们专注的眼神，就越发感到我们工作的重要性和老舍先生的伟大。也正是在这一遍又一遍的讲解中，我们对老舍先生越来越了解，进一步懂得了什么是真正的人民艺术家、什么是真正的永垂不朽。

到如今，我已经可以完全脱稿了，早已不是第一次那个怕讲错、心态惶恐的孩子。甚至，这里还有了一丝丝家的感觉，或许是因为太过熟悉。不对，老舍先生还有很多值得我们学习和探索的地方，所以现在谈熟悉还太早。

总之，无论如何，在老舍故居的日子，令我受益匪浅，感慨老舍先生的一生，敬仰人民艺术家的伟大，唯有崇敬与膜拜。

许多年以后

——写给在老舍故居的那些日子

孙佳敏

　　许多年以后，面对着老舍先生的作品，我一定会回想起，在老舍纪念馆做志愿者时那些周三的下午。

　　开始自己创业后，因为时间自由，很想去实现自己当志愿者的想法，又因为很喜欢老舍先生的文字，于是在 2012 年 4 月的某一天拨通了老舍纪念馆的电话，接下来很顺利地开始了我为期半年的志愿者生涯。说到做纪念馆的志愿者，无非是从熟悉展厅的内容到熟悉先生的作品和大事年表，引导游客，及时讲解，工作枯燥又充满了乐趣。因为院落本身不大，展厅也够小巧，大部分游客都是走马观花 20 分钟内浏览完毕，然后走人。

遇到喜爱聊天的游客会简单聊一下，不过内容都在工作的范围之内，偶尔有游客参观完展厅后会在院子里驻足照相，所以我对游客的印象不是很深，倒是对这个院落里的几个常驻工作人员印象深刻。

看门的两位大爷，年龄相仿。第一位不苟言笑，你坐下来与他聊天，他必先盘根问底，然后开始考你，比如"老舍先生的哪部作品使他开始了真正的创作生涯？"第一次被问到，我紧张了很久，看见他不屑地告诉你正确答案时，只有唯唯诺诺地点头，从此那个答案就永久地放在心里了。第二位大爷让人一见就极其放松，什么都不问，先介绍院落门口摆放的书，和一些仿制的字画，讲得头头是道，甚至有点"人来疯"，赶上有一次记者来采访，索性开始了表演，把老舍先生的故事在那个大大的福字

老舍纪念馆供图

面前表演得活灵活现，夸张的动作瞬时吸引了很多游客，人越多，他越来劲，演到最后把自己都感动得不得了。现在想到那个场景，依然觉得又是滑稽又是感动，不论他演的那个内容是否准确，光这一份热情都足以让人在这个院子里感到温暖。

院落里还有位专门负责打扫卫生的阿姨，待人极其热情，逢人就聊几句，就连夸人都能夸到让你不好意思，不管是新来的游客还是长久在这里的志愿者。"我们是最漂亮的"，只这一句就让人坐立不安了。倘若老舍先生在旁边听见了，估计也会乐的，这样的人他一定是见过的，只是没想到后来离他那么近。

时间久了，就和这几位熟悉了起来，游客不多时，就坐在门房里聊会儿天，没的聊了，就去院子里的长椅上安静地坐会儿，看看日渐结出果实的柿子树和注满了水的鱼缸，或者到展厅里一遍又一遍地看看先生的作品和生平。后来因为工作缘故，那年十一假期之后，我也就结束了在丹柿小院的志愿者生涯。来年再带朋友去时，门房里的两位大爷因为到了年龄已经换人了，打扫卫生的阿姨还在，只是她越发忙了，夸人还是那个劲儿，让人想靠近她又有点害怕。

那时每次去小院，心里都是满满的盼望，像小时候盼望一块糖一样，我把每次去都当作是给自己忙乱的工作放半天假，去的路上整理整理工作思路，然后就是一下午的放松与自在。尤其是赶上下过雨之后，院子里的空气特别好，单单站在小院里都是一种特别大的享受。那个时候内心平静而满足，那样的感受，在今天这个钢筋水泥拥堵不堪的四九城里，特别难得。

老舍故居服务有感

师圣蔓

老舍故居坐落在北京东城区灯市口西街丰富胡同，是闹市中一处安静的所在。能成为这里的一名志愿者，感受这位文化巨匠丰富的人生阅历和朴素真挚的情感，我感到十分幸运。

对于老舍，怕是每个人都不陌生，小学课本里有许多他的佳作。《猫》中那只能在花枝上荡秋千的调皮小猫，《养花》中一到雨天就要将三百盆花搬回屋里的忙碌场面，《草原》中那让人神往的一望无际的绿色……老舍，这个熟悉的名字早就烙印在心中。初中读到他的《断魂枪》，惊叹于老舍也有这样铿锵的笔触，而在《想北平》中的最后一句"好，不再说了吧；要落泪了，真想念北平呀！"也让我心生许多感触。当然，还有让人心痛的祥子。不像其他作家面孔严峻，文笔犀利，老舍总是让人倍感亲切，就像是一个邻居，将生活中的琐事娓娓道来，真诚实在又可爱。

　　坐地铁前往老舍故居，出了地铁口，本来还在闹市中，七拐八拐就到了丰富胡同，一瞬间，犹如到了世外桃源，走进安静古朴的小院，一下子就隔绝了物质世界的喧嚣，心一下子就静了。院中有老舍夫人手书的"福"字，透出历史的沧桑，还有两棵老舍夫妇亲手种的柿子树，不大的院中，老舍曾在这里养花，养猫，趴在门口的大鱼缸上赏鱼，这些画面亲切真实。通过院中的三个展厅，我更加细致地了解了老舍先生的坎坷一生，三岁失怙，在宗月大师的资助下得以上学，毕业后曾任小学校长。后去英国教书，抗日时用笔救亡图存。深深地有感于他的这句话"我是文艺界中的一名小卒"，几欲落泪。

　　在老舍故居的服务主要是向游人介绍老舍先生的生平，提醒一些注意事项。我本以为在现在这个浮躁的社会不会有太多人来这样的景点，然而我错了，从下午两点开始，许多人陆陆续续地前来参观。有白发苍苍的老人，有结伴而来的年轻人，有刚学了小学课文的孩子，还有外国友人。他们静静地观看，还有父母细细地给孩子讲解，也有人久久地坐在院子中的椅子上。在意见簿上，我看到的全是人们对老舍先生的敬仰与怀念。看着各种各样的人，我心中感慨万千。在浮躁的社会，依然有这么多人热爱着最朴素的真善美，热爱着老舍先生的文字，怀念着他的精神，也许是自己浮躁了，才会有先前那种想法。我们应该守住内心的那份宁静，坚持那份对真善美的追求。在这个安静的小院中，坐在凳子上晒太阳，耳边不时传来鸽子盘旋的声音，感觉心灵得到了净化。

我在老舍纪念馆

张瑀净

"我……我，我不行，我背不下来稿子。"

"然后……然后……"

"老舍先生出生于……"

从紧张而磕磕巴巴到兴奋又流利顺畅，我在老舍纪念馆，我是老舍纪念馆志愿讲解员。

2018 年寒假，我来到老舍纪念馆讲解。这次志愿讲解活动真的特别有意义。我不仅了解了老舍先生的生平，更是锻炼了语言表达能力和公关能力。每每遇到听众提出一些奇怪的问题时，我们就要竭尽全力想办法解答。而在每一场讲解之后，收到那真诚而又真切的掌声或者"谢谢"时，都让我感到非凡的成就感。四场讲解，意犹未尽。

能在老舍纪念馆进行志愿讲解，我觉得十分荣幸。首先，作为一名共青团员，我认为我们有责任，也有义务带领大家认识并了解老舍先生。其次，进行志愿讲解也是丰富、充实自我的一个好机会。在为大家讲解的同时，我也更深入地了解了老舍先生，体会到了做志愿者那份独有的快乐。

我在老舍纪念馆！！！

我们在丹柿小院

王紫伊

　　寒假期间班级组织了到老舍纪念馆讲解的志愿活动，受好奇心驱使与朋友一起报了名。原来对讲解员的印象很难说清，准确来说并没有过多注意他们，几年前在成都武侯祠也听了专业讲解，可终究是没往心里去，颇有些惭愧，于是自己也决意体验一下，期望着不一样的收获。

　　培训当天寒冷彻骨，露在外面拿着讲解稿的那只手快要失去知觉，我和其他同学都缩在各色的羽绒服里，在不大的四合院中踱来踱去，口中念念有词。数九寒天中其他声音好像都被冻结住无法发出，这灰墙灰瓦的院落显得格外宁静。暮色渐沉，我们一组一组地尝试着，努力减少磕磕绊绊的错处。夜色渐浓，二十几个人挤在小小的展厅中，被有关老舍先生的图画与文字包围着，对照何老师的指导，一点一点改进。坐在晚上九点寥寥数人的公交车上，竟然找到一丝老舍先生作品中的北平印记。

　　整整两个下午漫长而艰辛的背稿，我坐着几乎不动，眼睛交替盯着窗外和手中厚厚一摞纸，可以说极为痛苦，可当我把那些老舍先生的人生经历和事件全都装进脑子后，我开始思考这位苦难中成长，苦难中离去的人民艺术家。

老舍纪念馆供图

　　到了讲解那天，开讲两分钟后，所有的紧张焦虑消失殆尽。我明白自己所做的一切只是尽量向听众呈现一个完整鲜活的老舍先生的形象，然而我的讲解还是有许多不尽如人意之处，在此十分感谢听众的包涵，最后对我们工作进行评价的时候更是爽快答应。于是在那个阳光都颜色惨白，有气无力的冬日午后，我在小院中感受到了温暖。最后一场结束，我走出纪念馆的黑漆木门，离开这位人民艺术家，着实不舍。又一转念，他永远在那里了，也永远会欢迎我拜访。

那写五彩小影壁上"福"字的人也已不在了，我去的时候更没有红柿挂满枝头。但我的脑海里始终有老舍先生住在这个小院时最美的画面：果实累累的树下是各色秋菊，屋内简朴干净，他正在换墙上挂着的藏画，胡絜青女士正摆桌上的果盘。书房的墨水没用完，眼镜还搁在外边，台历却永远停留在他离去的那一天。我猛然惊觉，那个出生时险些夭折的婴儿，那个坚韧不拔的"小秃儿"，那个兢兢业业办学的校长，伦敦大学东方学院的教授，那个孤身去往武汉日夜撰写抗战作品，后到美国讲演的作家，那个受到污蔑与侮辱的不屈之人，只给我们留下了他的无数文学精华和精神财富。透过老舍其人，我得以窥见一个动乱的时代，隐在一个小小的四合院中，被繁华与喧闹包围。

"我是文艺界中的一名小卒，十几年来日日操练在书桌与小凳之间，笔是枪，把热血洒在纸上。可以自傲的地方，只是我的勤苦；小卒心中没有大将的韬略，可是小卒该作的一切，我确是作到了。以前如是，现在如是，希望将来也如是。在我入墓的那一天，我愿有人赠给我一块短碑，刻上：文艺界尽责的小卒，睡在这里。"老舍先生曾这样写道。

探访老舍故居

凌一凡

已经忘了我是第几次来到老舍的故居。差不多每隔几年我就要去那里看一看，仿佛已是一种习惯，就像每年都要翻一翻老舍先生的文字，或长或短，总是能使内心获得满足。

每次到老舍的故居都会发现一些新的变化，哪怕只是一些细小的地方。今年也不例外，只是这次去变化却很大。主要是故居纪念馆已经改成了免费的博物馆。到门房的服务处领取一张门票就可以进入故居免费参观。另外，这次在主院里的柿子树和大鱼缸旁边立起了说明性的指示牌，院子西侧新建了先生的一座半身铜像。这些设施的添加都使这个院子更如标准化的纪念馆一般，使整个服务更加完善和到位。

东西厢房两个展室的陈列似乎有了一些变化，但是大体的布局仍然没变。意外的是，我在西厢房的东墙上竟然发现了一张在各处从未见到过的老舍 1938 年在武汉时的照片。照片里的老舍微微含笑，气色很好，脸上还保留着三十年代在山东时期的乐观。但是再看到几年后在重庆的照片，便极少再出现笑容，直到1949年他从大洋彼岸回国之后。

我坐在屋檐下的长椅上，环顾整个丹柿小院，始终觉得它还是太小了，小得几乎不成格局，充其量只能算是一座三合院或者小四合院。纪念馆在东西北三面屋子的窗台上陈列了许多展板，作为"老舍生平展"的延伸与补充。馆方太想给游客展示更加丰富的内容，但是这个小院的空间实在有限，所以只能向空中发展，遮挡了各个展室的门窗。这使得这个院子看起来更加局促了。其实以老舍的身份和地位而言，当初归国还乡之际完全可以选择更大的宅院，但是老舍保持谦逊和低调的作风，还是坚持用自己的版税来购买这座平凡的小院，没有接受国家的安排。其实，这个院子

老舍纪念馆供图

给一个职业作家居住堪称完美。外国作家的故居往往都是以小著称，纯以创作而论，能有个写作的书房就足够了。这样看来，丹柿小院真是个标准的作家故居了。正这样想着，院门口就走进来一位外国游客。她站在影壁前不住地环视着这个不大的院落。

和现代文学史上如鲁迅、郭沫若、茅盾、巴金、曹禺等一大批同时代作家相比，老舍算是出身社会底层，而他的文字也总是向下关注着社会最底层人群的生活。老舍故居尽管狭小，但是却不断吸引着世界上无数的朝圣者。这便是一个作家永恒的魅力吧。

清明时节走进老舍故居

崔淑芬

老舍故居坐落于东城区丰富胡同 19 号，是老舍先生1950—1966 年在京时的住所。老舍（1899—1966），原名舒庆春，字舍予，北京人，现代小说家、剧作家。1918 年毕业于北京师范学校。曾任英国伦敦大学东方学院教师、山东济南齐鲁大学和青岛国立山东大学教授。1946 年赴美国讲学，1949年回国后曾任中国文联副主席、中国作家协会副主席、北京文联主席等职务。各类作品很多，其中有《四世同堂》《龙须沟》《茶馆》等脍炙人口的名篇巨著。1951 年被授予"人民艺术家"称号。1984 年，老舍故居被列为北京市文物保护单位。

1950 年初，老舍先生由美国归国。一家人团聚之后，老舍先生想购置一个安静的小院，好便于自己写作。同年 4 月份，购置了东城区迺兹府丰盛胡同 10 号（现东城区灯市口西街丰富胡同 19 号）的一座普通院落，一家人在此定居。老舍先生在这个小院中生活了 16 年，写下了新中国成立后的所有作品。这个小院门开在东南角，一进门是个小小的天井，南侧两间平房，西面和北面各有一道门通向两个院子。正面的院子是院落的主体，院子里两棵柿子树是老舍夫妇刚搬进来的时候种的，每到秋天，红红的柿子缀满枝头，老舍夫人因此将这个院子命名为"丹柿小院"。院子正面三间正房是客厅，西耳房是老舍的书房兼卧室。东面三间房是厨房和餐厅，西面三间房是三个女儿的卧室。南面的院子比较小，是老舍儿子舒乙的住房。在这个普通的小院里，老舍写下了许多为人民所喜爱和传诵的作品，接待了许多他的朋友。现在这个院子成为老舍纪念馆，向大家展示着这位人民艺术家的一生。通过大量珍贵的照片、手稿，展示了老舍先生的生平及创作历程。

老舍先生是北京人，出生在新街口小羊圈胡同。他爱写作，爱观察，用小人物、小场景和写实的方法勾勒出一个个鲜活的人物形象，带有浓郁的老北京生活气息，令人过目不忘。老舍生在大杂院，长在大杂院，从小就熟悉车夫、手工工人、小商贩等劳苦人民的生活。他的作品有着纯纯的北京"味儿"，更属于那些平凡却又传奇的北京人以及热爱着这片土地，热爱这一古老城市的人们。老舍是著名作家，他的作品影响了中国几代人。他是名人，但又是与老百姓息息相通，同呼吸共命运的普通人。其作品多以城市人民生活为题材，爱憎分明，有强烈的正义感，善于准确地运用北京话表现人物和描写事件，使作品具有浓郁的地方色彩和生活气息。在当今社会里，更显伟大。他的作品曾对我们这一代人的人生起到过非常大的作用，在我们的心中，他的作品是永远闪光和不朽的。

2019 年是老舍先生诞辰 120 周年，同时也是老舍纪念馆建馆开放 20 周年。值此清明时节之际，沉痛悼念和缅怀人民的艺术家、一代文人。老舍离去 50 多年了，人们并没有忘记他，他的作品及人格魅力，永远是我们宝贵的精神财富！

　　清明时节，我来到了位于东城区灯市西口丰富胡同 19 号的老舍故居，缅怀这位伟大的作家、"人民艺术家"。2018 年 3 月 31 日早晨九点钟，当我来到丹柿小院中时，正好有一位老师带着学生上实践课，她一边讲课，一边向学生提出问题，学生们都能认真地回答，可想而知，老舍先生的影响力极大。我紧随其后，一边看着展览，一边听着讲课，真的是受到一次教育，心灵得到净化。在三个展厅中，我仔细地看了每一处地方后来到了老舍先生生前住过的房间，布局非常简单。走出来的时候，再回望那棵柿子树、鱼缸、铜像以及夫人写的"多""福"组成的大"福"字，我的眼中充满了泪花，我默默地对那宁静的一切深深地鞠了一躬。最后我在游客留言中这样写道："清明时节，走进老舍纪念馆，是对老艺术家的怀念之情，在我的心中老舍永远是个人民艺术家。缅怀老舍先生，并向老舍先生致敬！"

感谢命中 我们相遇

李雪梅

第一次接触老舍先生可能是四年级的《趵突泉》吧；第一次喜欢且大量拜读老舍先生的作品我记得很清楚是大二的现代文学课；而"老舍故居"，好似还是两年前大三的国庆佳节，带着十足的憧憬和一位故交相约而识。

当被告知老舍故居就在这个胡同时，我确实惊讶万分。丝毫没有我想象中的富丽堂皇。

看到"老舍故居"四个字时，我下意识地整理了自己的病容，以将内心对老舍先生的崇敬推到最高点。入院，石雕的老舍塑像，最先让我注意，先生还是那么精神矍铄，他并不孤单，陪在旁边的还有柿子树和枣树。颜色耀眼却不曾招人嫉妒，因为，在鲜艳中带着一份书香的成熟与内敛的稳重。再向左一看，躺着的原来是先生的鱼缸。当我无意间把目光投向这里时，仿佛又看到戴着眼镜，手捧书卷的先生微微一笑，与鱼作乐。不禁，自己嘴角也跟着上扬了起来。

　　再往里看，便是我最爱的一部部作品，看到这些熟悉的名字，恍如又看到了：那个虚幻而真实的猫城，在英国啼笑的二马与温都母女，映射着时代几起几落的茶馆，那个永远拉着洋车的祥子……眼眶不知为何湿润起来。

　　在这个温馨的小院里，我仿佛看到了一位很伟大，离我很远的正在写着人物的作家，又恍如看到了我们生活中的一位很平凡，离我很近的与鱼嬉戏的老者。

　　老舍先生，珍重。感谢，命里，我们曾相遇。

腊月二十三，民俗我体验

武磊

去年腊月二十三，我带儿子武佳翼来到坐落于王府井北丰富胡同 19 号的老舍故居，参加民俗体验活动，收获颇丰，至今难忘……

我儿子当时一年级，学校的寒假作业包括让孩子们到博物馆参观的项目，于是在我得到这次活动的"情报"后，立即给翼抢名额，终于如愿以偿！

作为一名小学生的爸爸，我觉得，现在孩子们的生活真是太幸福啦！特别是在大北京，别的不说，光是那一二百家博物馆的资源，就足以傲视全国！数不尽的知识，开不完的眼界，不止等着孩子们去探索，更是给了我们大人不断学习的机会。

这是我们第一次拜访老舍纪念馆，作为京味文化的代表，老舍先生的作品，我也给翼介绍过。翼似乎对老北京的点滴故事懵懵懂懂，毕竟年代不同了。

这次的民俗体验，就正合了翼想了解传统文化的意。和一般的博物馆参观不同，这次活动，都是让孩子们亲自动手参与的项目，所以现场那是彩旗飘飘，笑声不断，掌声不断，特别热闹！

　　翼第一个体验的项目是"吹糖人"。老师给孩子们认真讲解这糖人所用的糖，是怎么熬制的，怎么捏空心糖块，拽出一条小尾巴，怎么吹气，等等。现场制作步骤的展示，牢牢吸引住了孩子和大人们的眼睛，生怕漏看了什么细节。

老舍纪念馆供图

　　孩子们有大有小，都自觉排好队，盯着老师手里的糖块，瞅着架子上的样品，偷偷地舔嘴唇，盼着早点儿轮到自己。前两位小美女，告诉老师她们想要一只漂亮的小鸟，老师左一下右一下捏好糖块，让她们自己来吹，不一会儿，两只小鸟跃然手上，引来孩子们的一阵欢呼。

　　轮到翼啦，老师问他想要什么？翼说："猪，我想要猪！"老师估计是断没想到会有孩子喜欢猪，这要求不但逗笑了老师，也逗笑了在场的所有人，大家也想看看这"糖猪"会是个什么模样。看，说话间，老师巧手摆弄，翼按要求忽疾忽缓地负责吹气，一只大肥猪很快就有了模样！在画了眼睛，上了色彩后，老师把穿了长竹签的糖猪交给翼。谢过老师后，翼小心翼翼地举着，一路用手护着，生怕被人碰坏了，左突右闪地来到院子里，不停地看，不住地瞧。

翼问我，这只"猪"可以吃吗？我跟他说，当然可以吃，但要在拍照留念以后才能吃。"咔嚓"了几张照片后，翼便迫不及待地吃起了"猪"来，先吃尾巴，再吃耳朵，不一会儿就给消灭干净啦。我问他，人家都要漂亮的小鸟，你怎么会想要只猪呢？他擦着嘴角的糖说，"猪"胖啊，肯定用的糖多啊！哈哈哈哈！

老舍纪念馆供图

接下来，翼又体验了剪窗花、蘸糖葫芦和拓福字三个项目，老师们教得用心，翼和小朋友们也学得认真。虽说是第一次接触传统文化的制作工艺，翼倒是学得还不错，左手捏着红红的窗花和斗大的福字，右手举着自己蘸的糖葫芦，一副美滋滋的小表情。

　　春天开学后，我们提交的"寒假博物馆作业"PPT，就是用上述内容的照片制作的。后来，翼告诉我们，他为大家展示完 PPT 后，同学们都拉着他问："那'猪'真的糖多吗？甜吗？那福字，是你写的吗？这活动是在哪儿啊？你为什么不叫上我们？以后还有吗？……"

　　说真的，老舍纪念馆以后还有这样的好活动吗？接受预报名吗？会增加新内容吗？不只是年俗，其他老北京民俗会有吗？……我也有一堆问题呢！

探寻先生的足迹——英国伦敦

1924 年老舍经易文斯教授介绍赴英国讲学，在英国的五年里在伦敦先后住过四个地方，这是第二处住所，在这里他居住了 3 年。2003 年 11 月 25 日，英国遗产委员会正式为老舍先生在伦敦圣詹姆斯花园 31 号的寓所镶上蓝牌。上面用白色的汉字、拼音、英语写道："老舍，1899—1966，中国作家，1925—1928 生活于此。"挂上了蓝牌的建筑，被列入受保护遗产，不得随便拆除或改建。老舍先生是第一位在英国获得故居蓝牌的中国人。

老舍纪念馆供图

老舍纪念馆供图

缅 怀

老舍故居之行

赵中泽

周五，我们来到了老舍纪念馆，探访了这位"北京人、满族人、穷人……"的故居。老舍先生作为一位作家，用或生动、或讽刺、或幽默、或朴实无华的语言，描绘了北京的兴衰。我钦佩这样一位语言大师，并怀揣着对老舍先生的敬仰，参观了老舍故居。

一进到小院里，一片的生机勃勃。三十多位同学和家长为老舍先生塑像敬献鲜花。随后讲解员给我们详细地介绍了丹柿小院。小院虽然不大，但是这里的一景、一事、一物都鲜活地存在于老舍先生的作品中。

接下来，是我们的自由活动时间，我们用小组的形式来探访了丹柿小院的每一个角落，无论是柿子树，还是盛开的月季花，还有老舍夫人胡絜青最爱的菊花，虽然只有一些细嫩的萌芽，但是充满了生机，处处展现了老舍先生对这个小院的喜爱和对美好生活的向往。

　　我们开始实地访问，我们先访问了一位外国人，虽然语言不一样，但我们都有着同样的老舍情缘，我们都是老舍的"书迷"。《二马》《骆驼祥子》《我这一辈子》《茶馆》《龙须沟》以及老舍的散文，我都读过。除了实地访问，我们还拍摄了一些照片，老舍的写字台、骨牌、客厅都让我们感受到了这位人民艺术家的朴素。他的书房在最偏僻的一个角落，一桌、一床、一柜，极为简单。

　　老舍已经离开了我们，但是他在我们的心中并未磨灭，他真是一位伟大的人民艺术家！

老舍纪念馆供图

丰富胡同19号

蔡岚

　　早就读过美文《济南的冬天》《想北平》，读过小说《骆驼祥子》《四世同堂》，至于中国话剧的扛鼎之作——《茶馆》，更是看过不下四五遍，其中最值得炫耀的一次，是在首都剧场，有幸欣赏到了超级豪华阵容的、北京人艺老一代艺术家们的演出。那是于是之、郑榕、蓝天野等《茶馆》原班人马的谢幕之作，堪称绝唱。

　　由此，一个闪闪发光的名字，便永远镌刻在我的心里。

　　没想到，读过他众多作品的我，到了今天，才来拜谒他的故居——东城区灯市口西街丰富胡同19号。

　　靠着高德地图的指引，我找到了这座闹中取静的四合院。

小院所在的胡同，笔直而悠长，宽不过两米。柏油路面平坦洁净，道边的塑料垃圾桶张着大嘴，凌空架设的电线，显出几分凌乱。胡同两侧的房屋一律粉刷成浅灰色。几辆簇新的共享单车随意停放着，在阳光下炫耀着它们娇艳的黄色衣裳，不知谁家拉起了一条尼龙绳，晾晒着花花绿绿的被子。

我看到一块咖啡色的木质牌子，上书五个大字——"老舍纪念馆"，有点儿像计算机字库里的字体，没什么个性，但工整端正。

纪念馆是免费开放的，这让我由衷感到欣慰。老舍先生是我们民族弥足珍贵的精神财富，人们来这里拜谒他、缅怀他，不应有任何门槛。

穿过闪着亮光的黑漆木门，我以朝圣般的心情走进了这座院落。

这不是普通的院落啊，先生的好多著作都诞生在这里，包括为他赢得"人民艺术家"称号的《龙须沟》，中国话剧王冠上的明珠——《茶馆》。

这不是普通的院落啊，它的角角落落印满了一位文坛巨匠的足迹。它还接待过共和国的总理，以及巴金、曹禺、赵树理、末代皇帝溥仪等名人。

参观过程中，展板上介绍的一位名叫刘寿绵的人引起了我的注意。

他被老舍称为刘大叔，是他资助家境贫寒的老舍上了小学。先生曾深情地回忆——"没有他，我也许一辈子也不会入学读书……"

这位乐善好施的刘大叔后来出家为僧，人称宗月大师。

文坛巨擘险些埋没在芸芸众生里。宗月大师，功德无量啊！

一张老舍先生23岁时的黑白照片，让我仿佛看到了帅哥陈坤，清雅俊朗，文坛泰斗也曾是高颜值的小青年呢。

老舍先生的书房和卧室被原样复原。

镶嵌着大理石台面的书桌上，摆放着一本台历。经历了 51 个春秋，纸张已然发黄，边角处微微卷起。

"1966 年 8 月 24 日，星期三。"—— 一组黑色的数字，赫然撞入眼帘！

这一天，是一切热爱老舍的人们最最痛心疾首的黑暗日子！他对小孙女说——"跟爷爷说再见"，然后走出家门，徘徊良久，自沉

于太平湖。我清楚地记得,《茶馆》中的王掌柜,跟小孙女说了这句相同的话,悬梁自尽。

造化弄人!

"跟爷爷说再见"——好似一种腐蚀性极强的化学溶液,使人柔肠寸断!

小院西南一角,有一口陶制的大缸,这是热爱生活的老舍先生用来养鱼的。

展览中有这样一张照片——先生双肘支在缸沿处,正在专注地观鱼,轻松自得的神态里,又有几分俏皮。

静静伫立在我眼前的,还是那口鱼缸。

空空荡荡。就像一部空无一字的书籍,就像一台所有节目播放完毕以后沙沙作响的电视机……

走出老舍故居,阳光下,共享单车依旧熠熠闪光,五彩缤纷的花被子随风摇曳,垃圾桶敞着盖，空中密集的电线凌乱地通往家家户户。

我确信，创作了祥子、虎妞、大赤包、冠晓荷、程疯子、王掌柜等一系列经典人物的老舍先生，早已深深植根在人民心里。

我在老舍纪念馆

马群丽

第一次来老舍纪念馆是在一个秋风肃杀的午后，我一个人逛完了王府井，漫无目的地溜达，无意间走进了纪念馆，那时的我心灰意冷，工作的不如意，朋友的失散，让我觉得这个世界特别让人绝望而且想哭，那是我第一次走进这个不起眼儿的小院儿，五彩的影壁，结满果实的柿子树，盛满水的大缸和缸中嬉戏的金鱼，还有房檐下慵懒的小猫，安静而祥和，熟悉而亲切，我一下子被这儿的一切吸引，挨个儿看完了每一个展厅，每一件展品，老舍先生的一切让我不由得钦佩，赞叹，感慨，唏嘘，不舍。回到家，我开始连夜读老舍先生的著作。

我感叹祥子命运的不济，也为他最终的自暴自弃遗憾；我感叹虎妞的泼辣直爽，也为她的惨死暗自伤心；我感叹祁瑞宣的犹豫不决，也为他最终勇敢反抗感到欣慰；我感叹祁老太爷的自我满足，也为他带领全家挨过连年的战乱而高兴。一个个鲜活的人物跃然纸上，我时而激动兴奋，时而伤心落泪，时而满足快乐，时而唏嘘感叹，老舍先生——这位人民艺术家，用最朴实的北京话，让我在一个个故事中感悟人生，老舍先生生于乱世，长与乱世，但乱世的刀光剑影，鼓角争鸣，非但没让老舍先生躲避沉沦，反而让他变得更加坚毅。

老舍先生是那么热爱生活，养花，观鱼，逗猫，他的生活仿佛永远丰富多彩。他待朋友真诚亲切，乐于助人，对待自己的孩子，他像朋友似的在不经意间给予他们慈父般的爱，我可以想象出他每天平凡而精彩的生活，我真想穿越到 1966 年 8 月 24 号那天夜里，和坐在太平湖边上的这位老人谈一谈，很难想象这样一位对生活无比眷恋，对朋友无比真诚，对儿孙无比宠爱的老人，当时该有多么绝望，他是想用他的死来证明清白呀！

我后来又多次参观老舍纪念馆，我喜欢在静谧的四合院儿里读读书，喜欢听过往的人们谈谈老舍谈谈那些年，喜欢看午后的阳光洒进院儿里露出一片金黄，喜欢看被层层白雪覆盖着的老舍先生的雕像依然安详地看着我。这小院儿，像老舍先生活着的时候一样，人们纷至沓来，他们渴望了解老舍先生的一切，这里又成了一个"有笑有泪"的地方。

我爱老舍，也喜欢他的家，我想起《茶馆》中常四爷的那句名言，我爱咱们的国呀，可是谁爱我呢？我真想紧紧握住他的手对他说，我们都爱您，没有人会忘记您，您要在中国人民心中永远活下去。

丹柿小院

邵静仪

我的妈妈曾经在老舍故居做志愿讲解员，这里还有一个好听的名字——丹柿小院。妈妈给我讲了很多老舍先生的故事和作品，我还跟她一起去拜访各地的老舍故居，欣赏老舍先生的话剧《茶馆》、《骆驼祥子》和《老舍五则》，我也经常到丹柿小院来。

我太喜欢这个小院了，在晴朗的冬天从寒风里跨过门槛，步入院门，感觉风一下子就停了。转过那座五彩木影壁，一座布局紧凑的小院映入眼帘。走到院里的柿子树旁，阳光从院子上空直直地照下来，让你感到无比幸福的暖意，你会忘记这是冬天。柿子树是老舍夫妇亲手栽种的，经历了几十年的时光，这两棵树已长得粗壮茂盛，从墙外的街道上就能看到摇曳的枝条。

老舍纪念馆供图

老舍纪念馆供图

柿子树下摆放着大大小小的花盆。这时温暖的感觉会让我想起老舍先生《我的理想家庭》中的描写：院子必须很大。靠墙有几株小果木树。除了一块长方的土地，平坦无草，足够打开太极拳的，其他的地方就都种着花草——没有一种珍贵费事的，只求昌茂多花。屋中至少有一只花猫，院中至少也有一两盆金鱼；小树上悬着小笼，二三绿蝈蝈随意地鸣着。这是多么惬意而富有生活情趣的理想家庭啊！我有时幻想着老舍先生现在就在小院的书房读书，在客厅的沙发上与宾客高谈阔论，在院中打几套拳，蹲下来侍弄院子里的菊花，看半人高鱼缸里的金鱼在水中缓缓游动，在柿子成熟时与家人一起摘柿子……幻想着老舍先生在小院悠然、快乐的生活景象。好奇的游客们总会这样问："这么好的院子值多少钱？"我妈妈总是微笑着回答他们："100 匹布的价格！"然后给大家讲讲周总理特批老舍先生买房，最后这座无价的小院又无偿捐给国家的故事。

院门对面的屋子，是老舍先生的书房，大门紧闭，透过窗户的玻璃，可以看到书房里的书柜和书桌。在简朴的书桌上，诞生了《龙须沟》，演绎了《全家福》的故事，《茶馆》在此被赋予了灵魂，还有《正红旗下》，永远待续着……书桌上，墨水瓶、笔盒、眼镜都原封不动地摆在那里，仿佛定格在 50 多年前的某一刻。薄薄的玻璃窗，仿佛是一道永远越不过时空的屏障，一边是老舍先生所在的久远的北平，一边是时光穿越的今天的北京，一束阳光照下去，穿过数十年的历史，照在先生的书桌上。

走出丹柿小院，我每次都不禁驻步回望，这条小胡同总是那么安静，小院在众多寻常的人家和店铺之间，并不显眼。若不是门口的牌子，似乎没有人能知道这是一位著名作家的住宅。我们曾像追星的粉丝一样，追随老舍先生的足迹，到济南大明湖畔找"篮里猫球盆里鱼"的影子，到重庆北碚探访"多鼠斋"，我发现每处小院都并不显眼，或许老舍先生正是在这如此简朴的市井之中，才能够细致入微地观察人们的生活景象，深刻地理解普通百姓的生活状态，才能写出这样生动、鲜活的生活图景，所以能够成为植根于人民心中的"人民艺术家"吧。

和派出所是老街坊

齐七郎

老舍先生的家在丰富胡同南口，那个时候胡同的北口是个派出所。丰富胡同过去叫丰盛胡同，因为与西城的那个重名，胡同名称改革的时候，西城那个因为更宽阔，这边就改成丰富胡同了，小胡同只有十来个院门，短，从胡同头能看到胡同尾；窄，俩自行车相遇都要避让一下。

那天，喝酒的时候，酒桌上，遇到从那个派出所退休的警察老王，他今年快八十了，公安学校毕业后就分在派出所当户籍警，那个时候的外勤户籍警按片儿管辖，又叫片儿警，他说那是老百姓这么叫，他们自己则说是责任区民警。

当知道我喜欢文学的时候，老王和我聊起了老舍先生，他说他见过老先生，我一听这个，羡慕得不得了。他说，那个时候的人都没什么架子，不像现在，一个小科长出门都要带个身强力壮的下属。老舍先生更是平易近人了，人家是"人民艺术家"。他写了很多普通老百姓喜欢的文学作品,像《骆驼祥子》《龙须沟》《茶馆》,等等。出胡同东口就是首都剧场,北京人民艺术剧院是专演老舍先生写的剧,排出的新戏,有的时候也给派出所几张赠票招待我们看。都是一个胡同的街坊,老舍先生碰到我们都打招呼,我们也主动给老先生敬个礼。还知道他也写过警察的作品,好像是解放前的旧警察。

老王说的应该是《我这一辈子》了,没想到一

个退休的老警察,对老舍先生了解得这么多。

老王又说,老舍先生的夫人胡絜青是个画家,齐白石的弟子,齐白石先生的儿子、女儿好像也住在首都剧场附近,那个时候民警去老舍先生家核对户口,赶上胡絜青先生正画画,盖上戳子随手就送给民警了。那个时候的人真没那么大的架子,那个时候的画是艺术不是钱,画是挂着看的,不像现在,收藏炒作拍卖。看报纸上说,老舍先生家里的很多画都捐给国家了。这要是现在的某些人,得在国外换多少套别墅啊。

我问老王,您手里有胡絜青先生的画吗?老王说,

我手里没有，所儿里好多的民警有，也不知道他们是挂着呢还是给卖了。

听老王说，派出所后来就搬到往南的锡拉胡同了，一个比这边大很多的院子，那个时候，政府发了个文件，说私家大宅子都充公，老王他们就搬到那里去了，丰富胡同的这个院子给街道办事处了。锡拉胡同很有名的，北平和平解放的时候，北平市市长何思源家就在那边，国民党特务曾经在他家门口放炸弹恐吓他。老王说，派出所那个院子，不是何思源的宅子。

老王挺善聊，喝顿酒的工夫，让我这个喜欢文学热爱老舍的老文青知道了这么多。看来，以后这酒还得喝！

　　敝人 1938 年出生于北京养蜂夹道的一个医院，家住在新街口南大街路西的金丝沟（现称金丝胡同），这两处距小羊圈胡同都很近。那时正是《四世同堂》所处的年代，幼年上学时天天从这个胡同口走过，既不知道这个胡同里发生的故事，也没听说过老舍先生的名字。

　　随着年龄的增长，作为一个普通的青年文学爱好者，特别喜欢读老舍先生的作品。从最初的关注情节和独特的京味语言，逐步受到了尊重人性、同情弱者和热爱国家和民族、认识社会的启蒙教育。他不仅塑造了不同年代不同阶层北京人的群像，还诠释了人们为什么会如此热爱这座伟大的古城。

　　一辈子读书不多，但我觉得和鲁迅先生创作的"狂人"和阿 Q、祥林嫂以及巴金、茅盾先生创作的一些人物一样，老舍先生笔下的骆驼祥子、《月牙儿》中的小姑娘和后期创作的王利发、常四爷等人物形象，将永远铭刻在中国现代文学史的丰碑上，永远不会被中国人忘记。

2019 年是老舍先生诞辰 120 周年。为表达对先生的崇敬与怀念之情，我认真地参观了先生在北京丰富胡同的故居，且去了多次。在参观过程中不断感受着他的文学艺术伟绩和伟大人格。他所热爱的"母亲"就是我们的祖国，他所遭遇的不幸就是我们中华民族的不幸。当我听到先生早年朗读中文的录音和看到先生殉难处的石碑时，不禁潸然泪下。

为表达参观展览后的心情，诌诗一首并书如下：

参观老舍先生故居有感

亲历家国曾受难，沧桑阅尽著名篇。

爱国情愫融多卷，敬业精神注笔端。

祥子瑞宣犹尚在，利发常四现台前。

先生巨作垂青史，永世长存在人间。

文艺界尽责的大师，你仍在这里；

你曾爱过的母亲，她还记得，永远记得你！

北京老舍纪念馆抒怀等二首

洪生

北京老舍纪念馆抒怀

丹柿小院暖如春，
手倚鱼缸念故人。
正红旗下未收笔，
茶馆桌前有余温。
骆驼祥子才上路，
四世同堂寓意深。
坎坷辗转多少事，
叩拜先贤泪纷纷。

秋访丹柿小院

重临小院已深秋，
落叶无声岁月稠。
大师身影今犹在，
风吹红柿漫枝头。

「心」游丹柿小院儿三字辞

张博

（一）

进北京，往东城，

找丰富，胡同名。

这条街，曾清静，

好读书，好养性。

二主人，颇著名：

号老舍，与絜青。

夫妇俩，真性情。

种花草，听虫鸣。

栽柿树，爱生命。

晴美天，红澄澄，

随风摆，似塔铃。

丹柿院（儿），从此名！

（二）

进大门，见庭院。

忆往事，在目前。

红廊柱，青石砖。

金鱼缸，好悠闲。

鲜花草，多茂繁。

大白猫，来回窜。

节庆日，友朋欢。

清冽酒，名厨饭。

西皮曲，听婉转。

京腔韵，不虚传。

谈笑声，星夜散。

抬头看，自在天!

（三）

上石阶，迈厅堂，

先生家，无排场。

几桌椅，一张床。

简单人，简单房。

虽然此，不空荡。

墙上看，有墨香。

俊秀字，落红章。

五彩画，好珍藏。

桌上看，有文房。

勤读书，多思量。

善感受，做文章。

《龙须沟》，在此创。

大《茶馆》，美名扬！

窗上看，亮堂堂。

无尘土，迎霞光。

一杯茶，一缕香。

纯净心，走四方！

（四）

出院门，意阑珊。

故居在，人不还。

先生文，京味（儿）含。

先生情，受仰瞻。

先生人，有海涵。

先生事，骨气传！

红澄澄，晴美天。

丹柿院（儿），下次见！

参观老舍纪念馆

伊翠端

今天去老舍先生家串门。

在灯市口地铁站 A 口出来后，路盲的我居然走反了方向！

老舍在北京的家真的不大，但是夫人胡絜青写的"福"字放在大门口，夫妇亲手栽植的两棵柿子树立在院子中央，一口大鱼缸安静地在院子一侧，简单中透着生活的幸福和温馨。

院子的一面墙上有一个电子显示屏，播放着老舍的生平。当播放到 1949 年 12 月 9 日，老舍从美国回到新中国，在天津港，天上飘着雪花，老舍的眼中却热泪滚滚的时候，天真的下起了雪。

今天天真冷，我在小院子里一面看，一面走动，我看到了老舍对北京的爱，是化在血肉里，言语无法表达的。我看到了老舍对文学的爱，那是一个文艺界"小卒"的尽职尽责。可惜后来视频被关闭了，我没有看完。

在生平展厅，我看到了老舍之死的视频资料，大意是这样的：1966 年 8 月 23 日，红卫兵们押了老舍等一些人，在太庙的门口，燃烧戏箱子，太阳晒着，火烤着，老舍还被侮辱和毒打。第二天 8 月 24 日，老舍告诉家人出去上班，文联的工作人员发现老舍没有来上班，寻找开始了，后来在新街口豁口附近的太平湖打捞出了他的尸体，他的儿子舒乙得到的一份证明上写着：舒舍予自绝于人民。火化后，不允许留骨灰，孩子们在他的骨灰盒中放进了钢笔和茉莉花。一代文学巨匠含冤而死，他的死给后世留下了未解之谜，但是他的生给我们留下了不朽的作品。

院子里的树上写满了人们的祈福，我只想说："老舍先生，我来看您了！"

参观老舍纪念馆有感

谢昭新

舍予后学远道来，
丹柿小院笑颜开。
布衣书房今依旧，
平民写家抒情怀。
《骆驼祥子》传海外，
《四世同堂》见诗才。
《茶馆》社会已逝去，
中华复兴筑梦台。

我在老舍故居做讲解

史宁

1985 年夏天，一部名叫《四世同堂》的电视剧首播，那也是我第一次知道世界上有个叫老舍这样古怪名字的人。后来，在小学语文课本里，我又见到了这个名字。当时进入小学课本的大作家并不多，但是这个人的文字读起来特别舒服、自然，让四年级的我感到无比亲切。随着阅读老舍文章的增多，我觉得他的文字永远那么温润、熨帖、不急不缓、丝丝入扣，读来总是令人如沐春风。不知道是不是同为北京人的缘故，此后我对老舍的文字愈加痴迷。钱钟书曾说，如果你觉得鸡蛋好吃，何必一定要见到下蛋的母鸡呢？我恰恰是注定在吃过鸡蛋后想要迫切了解那个母鸡的充满好奇的读者。我开始对作家的家产生兴趣，课余多次探访丰富胡同 19 号的老舍故居，尽管那时小院还不曾开放，但也没阻止我经常在丰富胡同左右流连。

至今我仍然记得自己第一次踏入老舍故居大门时那种狂喜的心情。在我看来，老舍故居就像是一座神殿。虽然它的面积很小，但也属于北京四合院的建筑体系。在北京人的心目中，四合院就是天字第一号的住宅。清末夏仁虎曾说京城宅院，甲于四方。说它是神殿一点也不为过。同时，老舍故居也是一座小型的博物馆，里面展示陈列着老舍先生的生平介绍与各类与之相关的文物。博物馆是人们终身学习的场所，对好学的人而言，这里也是一座知识的殿堂。老舍先生在 1949 年以后的全部作品几乎都在这个小院里创作出来，像著名的《龙须沟》、《茶馆》和《正红旗下》都在院里的西耳房——他的卧室兼书房里诞生。于是，这里又仿佛成了一座文学的殿堂。

这个院子之所以出名还因为老舍夫妇亲自栽种的两棵柿子树。北京人特别喜欢柿子，柿子树的寓意取谐音就是事事如意和事事平安。因为这两棵柿子树老舍故居还有另一个很好听的名字——丹柿小院。这两棵是 1953 年老舍先生特意托人从西山林场移植回来的，刚栽种的时候只有拇指粗，不到十年，树干直径已超过海碗。如今柿子树已经十分粗壮，柿子也早已不是什么稀罕的水果，但是站在老舍夫妇亲手栽种的柿子树下，我依然能感受到老舍先生那份与生俱来的热忱与慷慨。这两棵柿子树，正是蕴含着北京人世代形成的居住文化，体现出北京人独有的市民品格。

老舍故居被戏称为整条胡同的"大客厅"。当初人们都因老舍乐于助人、和蔼可亲而喜欢走进丹柿小院。正如今天络绎不绝来到老舍故居的每一个人，并不像参观，更像是来串门。

就像我自己，几乎忘记已经来过多少次丹柿小院，差不多每年都要去十几次，仿佛已成了一种习惯，就像每年都要翻一翻老舍先生的文字，或长或短，总能使内心获得满足。可是不管我来过多少遍，永远看不厌。来的次数多了，我慢慢地也想尝试着给其他人讲述老舍先生的生平和作品。终于，在2016年春天我如愿以偿地来到老舍故居开始正式担任志愿讲解员，悉心地为每一位走进丹柿小院的人讲述老舍先生的故事，分享我对他的敬爱之情。

初做讲解，确实充满忐忑。至今我犹记第一次为观众讲解时的窘态。讲解的话语短促、重复，声音也略为发抖。最终算是磕磕绊绊地讲完了。事后，听我讲解的那个观众仍然对我表示感谢之情。她的宽容与善良同时也令我心存感激，并激励我继续讲下去。经过几年的努力，在2017年我代表老舍纪念馆参加北京市文物局举办的全市博物馆讲解比赛，并获得志愿讲解第二名的好成绩。

实际上，群众教育与服务是博物馆的主要社会职能之一，展览讲解是博物馆辅助观众参观与社会教育服务的主要方式。我很乐于将自己所掌握的展品背后的有趣故事和典故与他人分享，充当着文物与参观者之间的桥梁。我想，让文物真正活起来正是需要依靠讲解员超凡的知识与动情的讲述。我还在向着这个目标努力。

老舍先生在 1938 年曾经写过一篇小文，里面他说："我是文艺界中的一名小卒，十几年来日日操练在书桌与小凳之间，笔是枪，把热血洒在纸上。可以自傲的地方，只是我的勤苦；小卒心中没有大将的韬略，可是小卒该作的一切，我确是作到了。以前如是，现在如是，希望将来也如是。在我入墓的那一天，我愿有人赠给我一块短碑，刻上：文艺界尽责的小卒，睡在这里。"老舍先生如此谦逊与低调的态度也深深感染了我，我也立志做一名老舍故居的守望者和讲述者。在历史上，故居有过许多讲述人，我希望自己能成为坚守时间最长的一位。

缅怀一个人的方式有许多种，在我看来，这是我自己对老舍先生最好的怀念。

探寻先生的足迹——济南

　　1930 年 7 月，老舍应聘到济南齐鲁大学任教，1931 年 7 月 28 日，老舍回北平和胡絜青结婚，不久，夫妇二人一起返回济南居住，租住在南新街 54 号一间小房子里。在这里住了三年，生下了大女儿舒济。他的长篇小说《猫城记》《离婚》《牛天赐传》，《赶集》中的绝大部分短篇小说，如《大悲寺外》《微神》《开市大吉》《柳家大院》《黑白李》等大都写成于这个院子里。2014 年 6 月 14 日，由老舍故居改建的济南老舍纪念馆正式对外开放。

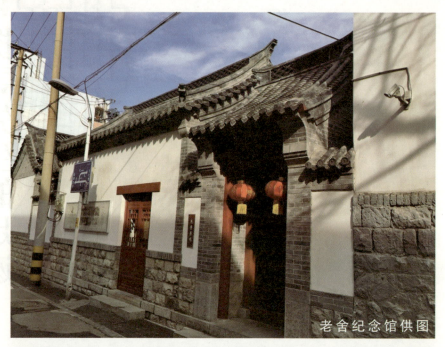

老舍纪念馆供图

老舍纪念馆供图

整个院子不很大，但种满了花草和盆养的畦栽，还有一棵不算小的紫丁香和一大缸荷花。院子里有一眼水井，一早一晚，老舍自己打水浇花，施肥，捉虫，所以花儿开得很旺盛。每年开春以后，小院里花香不断，五彩缤纷，吸引着不少朋友观景赏花。老舍一生爱交朋友，只要有人来访，他都热情接待，客人走后他才拼了命似的作他自己的事情。

——胡絜青

　　大明湖老舍纪念馆位于新扩建的大明湖景区内，以"老舍笔下的大明湖"为基点，图文并茂地展示老舍先生在济南的生活与文学成就。通过视频、照片、展板、实物的形式，感受老舍对济南的深厚感情。纪念馆内还有老舍夫人胡絜青题写的"老舍与济南"匾额和"福"字。展厅内陈列了老舍先生在济南活动的老照片、手迹、文学作品等。

老舍纪念馆供图

老舍纪念馆供图

探寻先生的足迹——青岛

骆驼祥子博物馆位于青岛市市南区黄县路 12 号。1934 年，老舍举家从泉城济南移居青岛，在国立山东大学中文系任教，曾在此居住，1937 年夏天离开。1936 年，他在此创作了中国现代文学史上的长篇杰作《骆驼祥子》。

老舍纪念馆供图

老舍纪念馆供图

老舍公园位于青岛市市南区安徽路中段中部，为敞开式公园。1999年，由澳大利亚麦思建筑设计师有限公司设计为林荫水景、人文景观公园，命名"老舍公园"。

老舍雕像为公园的标志性建筑，位于园南端悬铃木下。深红色大理石铺面，长方形立座上塑有老舍胸像铜雕。基座正面刻有老舍夫人题写的"老舍先生"，基座前底座西侧有白色大理石石刻，刻有老舍著作《五月的青岛》节录。三部平放著作铜雕，上部封面刻有"樱海集"书名。东侧有铜质斜立三部著作铜雕，书背分别刻有"蛤藻集"、"RICKSHAW BOY"和"骆驼祥子"。

老舍纪念馆供图

老舍纪念馆供图

感 悟

「会说话」的老物件

——老舍的灵格风录音

阙明扬

老舍先生是第一位获得"人民艺术家"称号的作家。他是地地道道的北京人，作品中的北京味更是让人印象深刻。我喜欢读他的《四世同堂》，我们还在学校细细学习过《骆驼祥子》。这个学期的一个周末，我兴致勃勃地去参观了老舍纪念馆。

老舍纪念馆是丰富胡同里一个普通的小四合院，院中有两棵柿子树，因而得名"丹柿小院"。小院不大，一进院门，迎面的照壁上挂着一个大大的福字，是老舍的夫人胡絜青题写的，红色已经褪去，淡粉色的底上嵌着一个饱满的福，给人一种温馨的感觉。纪念馆里有老舍先生用过的老物件，也有老舍先生各种版本的作品。走入第二展厅时一个高亢清亮的声音传入耳中，念着一些较为简单的中文词语。这难道是老舍先生的声音吗？我好奇地循着这声音来到了一个老的留声机跟前。边上有着较为详细的介绍。没错，这就是老舍先生的声音。这是他在英国时为外国人录制的中文学习声片。展板上还附上了老舍这张声片所讲授课程的具体内容。老舍先生读得很认真，对照旁边的教案，每一个字都对得上，能听得清清楚楚。我立即产生了极大的兴趣，为什么老舍先生会这么认真地去录制这些声片呢？老舍先生这个地道的北京人怎么会在英国教中文呢？带着这个疑问，我回家查了资料，才终于明白了。

1924 年，在朋友的推荐下，老舍被英国伦敦大学东方学院聘为该院的中文讲师，聘期 5 年。在东方学院，老舍先生教的课程有官话口语、翻译、古文和历史文选、道教文选，佛教文选以及写作。在这段时间里，老舍先生还写作了《老张的哲学》《赵子曰》《二马》三部小说，使他成为公认的中国现代文学中长篇白话小说的奠基人之一。当时，英国灵格风出版公司委托伦敦大学东方学院出版一套针对外国人的汉语学习教材，录制让外国人学习汉语的声片。于是，老舍与两位同事共同为灵格风语言中心编写了世界上最早的一套汉语教材和声片——《言语声片》。当时录制这些声片的人就是老舍，这就无形中为我们留下了一个"会说话"的老物件，让我们可以听到老舍先生年轻时的声音。当时他才 21 岁，声音很清亮，音调高亢，标准的北京音，干净、清脆，非常好听。

这是我国最早的一套对外汉语教学系统教材，体系非常完整，一直沿用到上世纪五十年代。教材的中文文字全部由老舍亲自用毛笔书写，录制的声片是老舍亲自朗读的。该书既是一套教材，也是一部字典，检索、索引等全都具备，完全可以当作一本工具书来用。教材以课的形式编写，每课有单字、单词、句子、对话等几个部分，单字均配以读音和音调。该书国内很少见，老舍故居现存一本，绿色硬牛皮书皮，页边烫金，装订非常精美。印刷清晰，可以看到老舍早期书写的字体特

老舍纪念馆供图

征。这套声片也让我们可以永远听到老舍先生那亲切的声音。

在上世纪二十年代，老舍能完成如此复杂的编辑工作，非常不易。老舍先生做得这么认真，这么用功，到底是为什么呢？我认为老舍先生是为了让外国人也能学到中国的文字，也能了解中国这个文明悠久的国家。

现在，这个愿望更加容易实现了，因为现在的中国越来越开放，越来越强大，世界很多国家的人都争相学习中文。正如 S.H.E 在《中国话》这首歌中唱的一样，"全世界都在学中国话，孔夫子的话越来越国际化"。听到这首歌，我们中国人心中应该是多么自豪和激动啊！我们的中华文明博大精深，我们的汉字意义深远，我们也要像老舍先生一样努力去宣传这多彩灿烂的文化，让全世界都知道、都听到中国的灿烂文化！

我画丹柿小院

张叶田

丹柿小院是老舍先生的故居，是先生居住过十几年的地方。

这学期陈老师带着我们读了几部老舍先生的作品，让我一下子喜欢上了这个热爱北京的作家。班里组织去老舍故居参观时，我兴奋极了——真的想看看这个先生创作出那么多好作品的地方，是什么给了先生写作的灵感呢？那天我看得认真极了。回来后我就认领了美术小组画丹柿小院的这个任务。

准备好纸和笔以后，我就开始构思了。丹柿小院好像就在我的眼前：一进门的影壁上，老舍夫人亲手写的"福"字还在。我一定要画上这个影壁，因为先生在小院里的生活是幸福的。院子里的两棵柿子树也要画上，而且树上一定挂满熟透了的柿子，丹柿小院嘛，没有柿子怎么行！还有，听说这两棵树上的柿子可甜了，所以呀，我的柿子一定要画得诱人一点儿，让人看了就想吃。对了，院子里那个鱼缸也要画上。我记得有本书上说过，老舍先生工作累了、乏了时就是倚在这个鱼缸边上看小鱼游来游去的。鱼缸应该是小院中很重要的一部分，因为鱼缸里的小鱼可能给先生带来不少创作灵感呢！对了，还有院子里的那些花，也要多画一些，特别是先生最喜欢的菊花。除了柿子树、鱼缸和花草之外，小院里的房子就是最重要的部分了。丹柿小院是个两进的四合院，属老北京最典型的建筑风格。门是对开的，要画上鲜艳的红色；窗户是一格一格的，要涂成绿色的。房顶上灰色的瓦要画得慢一点儿，因为要画整齐，要耐心地一块一块地画上去。

这样想着，我就开始画了。先勾边，然后再开始涂颜色。我认真地涂着画着，希望画出一张最美的画儿。因为我真的喜欢老舍先生，喜欢看他的作品，喜欢他住过的这个美丽的丹柿小院。

『故宫——打一现代作家的笔名』

陈雨

"皇帝的一天"主题教育活动结束了，我望着怀抱奖品笑得很开心的孩子，指着这一片红墙黄瓦说："问你个谜语，故宫——打一现代作家的笔名。""我猜不出来！""那我们现在就一起去寻找答案吧。"我们父子俩出了东华门，拐了两个弯，远望着王府井繁华的人流，高耸的大厦，来到了位于丰富胡同的"丹柿小院"。

这是一座整洁而安静的院子。在东展厅，大学生志愿者姐姐为我们热情地讲解了先生的生平：先生是旗人，在他一岁的时候正逢"庚子之变"，父亲作为护军在保卫地安门的战斗中牺牲了，全家靠母亲替人洗衣裳维持生活；先生"笃信好学"，创作了大量有教育意义的作品，塑造了一个个有鲜明时代特色、有血有肉的普通人……直到解放后，先生被授予"人民艺术家"的称号，当选为全国文联副主席、作协副主席，这座"丹柿小院"就是先生的居所。

讲解完毕，志愿者姐姐指着触摸屏告诉孩子："这里有个游戏，你玩会儿吧！"孩子对于游戏当然是无师自通，很快，伴随着"京片子"热闹的叫卖声，"祥子"拉着洋车路过北海，天安门，经过"龙须沟"和"小羊圈儿"，满四九城地找"虎妞儿"。经过这一通"满世界"的"狂溜达"，我们爷俩跟着"祥子"走遍了"老北京"。

　　北屋是正房，保持着先生生活过的样子。简朴整洁的西耳房，就是先生写作的书房。"现在知道谜语的答案了吧！你的语文课本里肯定有先生的作品！""爸爸，我觉得您今天问我的这个谜语挺有意义：清朝皇帝不可谓不勤勉，可是因为不能放眼世界，造成国家落后，包括旗人在内的每一个普通人都遭受了痛苦和压迫。"

　　我满意孩子的理解，告诉他，这个谜语还有一层意义：无论谜面的"故宫"，还是谜底的"老舍"，今天都已成为我们这座文化古都、世界城市最光彩夺目的"名片"！

老舍的光晕，老舍的晕光

朝园

老舍对他笔下的人物，既有观其相、听其言、察其行、审其意的描写，又有解说和分析的讲述，取材寻常生活，写作的功力却非比寻常，人物的灵魂、人之间的情感关系、社会所处的时代世态、人生的滋味，等等，皆从所撷取的生活片段中自然而深刻地表现出来。老舍的作品之所以能达到上述这种经典的境界，与他的语言艺术分不开。文白纯熟、独具一格的语言魅力，是老舍小说艺术特色构成的一个主导要素。他作品中的语言，看似轻松，调侃，却具有耐回味的蕴藉，轻松中的反讽意味密布着比直白的语言大得多的张力。老舍的文学语言源自北京主流人群日常生活中的言语的蕴藉活泼，也具有他个人具中西合璧视野的文学思维的创造，也来自他对于看似平静却饱含酸苦惊险、绝不可简单审度的世态人生的表述的执着。老舍小说的语言是有弹性的，独创的。

他笔下的人物多为北京的市民，他们纯粹，却也不简单，他们最寻常又最不寻常，他们的身上带着世俗生活秩序裹挟的痕迹，也体现着更顽固更本能的存在。而老舍正是表现这种最寻常又最不寻常的人群、杂糅的世俗生活和暗潜的人性本质的文学大家。

老舍的一生创作勤奋，颇为高产，写的都是他所熟悉的人，熟悉的世态，自身深有体会和见解的社会历史进程。简而言之，老舍的作品构成了一幅社会动态的行进中的现实图景，那些人物的身上除去新旧的、土洋的、身份的色彩，透露出的是其个体独特灵魂的影调轮廓，显露出人世间的结构特性。这，正是老舍作品的光晕，是作品最深厚耐久之所在。

而这最深厚耐久之所在，又只能通过生活中最寻常的流光潜影表现出来；每一部作品，无论长短，都有其蕴含的关于人物精神活动的高感点、矛盾点、转折点。无论小说还是散文，老舍文中都有一种光晕效果，他笔下的北平官僚社会、市民社会的世俗人物和生活场景，是蕴含在光晕中的。

老舍是深刻还是肤浅的呢？杰出的现代中国作家，受传统经史诗文文化的影响，一般在道德批判、经验世界的阐述上也带有传统文化的形而上色彩，对"世俗"持居高审视的态度，而老舍是浸入其中的，是其中的一员，是其中的酸苦悲欢的品尝者。世俗生活羽翼上的污斑和光泽令被观照的人生的意味流入一道更深的河，往往是，透过人性的懵懂，人世的纷乱，方可见人之品性的薄厚、善恶的分别。人，是处于生活的光晕当中的，永远是品察的对象。

老舍的作品特点一般被评论为幽默，一些学者认为他早期的小说（作于上个世纪二十年代的）多少带油滑色彩，语言有芜杂不纯之嫌。而在我看来，那正是老舍艺术创作的特点体现。作品的浅显不等于肤浅，何况那浅显的市井场景、生活故事也既有滋有味又蕴含着鲜活的引发思索的光晕的影调。说到底，这光晕因何而来呢？

唯一个仁者、一个对社会对人生诚实的人，才会如此记下这些无可名状、随即流逝的人生和人世的片段与瞬间。对所身处其中的众人的友爱，对世相百态的思索和批判，酝酿了这些作品，其中所体现出的大爱，也是具体的，柔软的。有人说，他的小说深得英国文学的浸润，被标榜为老舍小说最大特色的"幽默"一语，即来自英文，为英国文学中非常发达的随笔文体所追求的一大特色，也是英国文化所倡导的一种现代人的修养。其实老舍的幽默是跟中国历来最朴素的民众的达观品性连在一起的，他所喜爱的笔下人物的笑，常超越心酸而发出，表达对不公正的忍耐，对异己的友好，对生活负担的担荷，是老舍作品之光晕中一道清浅的闪亮。

这种光晕，也可谓晕光——彩虹的光芒：老舍的作品就是透过人生的五味杂陈，来展现生命中悲哀之光明的，当黑暗过后光明出现时，那光也仿佛彩虹，明亮，七彩，斑驳，一扫苦雨的阴霾，又很短暂。

作家，其自身亦可谓其所书写世界的忠实囚徒。如今，时代变易，走进老舍当年的这座四合院故居（今北京东城区灯市口西街丰富胡同19号），感受其中书画的雅致，生活的温馨，略显暗淡的拘困意味，我们同样会发出共鸣的是，也许后者更为人生隽永的真滋味。在曲折和矛盾、光明和晦暗的历史旅途间，老舍的真情和思索、音容和笑貌引发的喟然长叹，是挥之不去的。

参观老舍故居小记

李秀渝

三年前，我陪高考结束的女儿到北京参加香港高校面试，住在灯市口西街一个酒店，匆匆三日，竟然错过了就在酒店马路斜对面胡同里的老舍故居。我读中学时看了电影《骆驼祥子》和电视连续剧《四世同堂》，对作品中鲜活的人物形象和生动的故事记忆深刻。今年五月，有机会与女儿再去北京，就计划好了再去住那个酒店，第二天一早我们就带着敬仰之情来到老舍故居参观。

老舍故居位于灯市口西街南北走向的丰富胡同19号，进了胡同很容易找到。它是座普通的北京四合院，灰瓦院墙、黑漆油饰的门扇稍微有些斑驳，看上去是一座简朴的、充满浓郁北京味的小院。大门外有1984年被确定为"北京市文物保护单位"的牌子。

进门首先映入眼帘的是墙上老舍先生的话：一个伟大的作品，不但需要用热情去感动人，更需要一种崇高的理智去启发人。向右转是座砖砌影壁，中心贴个大红福字做装饰。往里走可以看到东、西厢房作为纪念性展室，向人们展现老舍先生当年的生活原貌，不仅有图书、字画、木质家具，还有他的生活用品；通过大量珍贵的图书、照片、手稿及生前遗物等，全面展示了老舍先生的成长和创作历程，展示的老舍先生各个时期不同版本和各类文字的作品，仅《骆驼祥子》就有30多种译本，虽然展览规模不大，但足以让人领略到老舍先生一生的创作成就，进一步感受到他作品的独特魅力及对后人的影响。

这里不仅可以免费参观，还有学生志愿者介绍和宣讲，可以详细地了解老舍先生的一生。我去那天是周日，有几个家长带着小学生在参观，家长能有意识地带孩子来这里我在心里给他们点赞。

走出展厅，我细细打量着这个极为幽静、布局紧凑的院落，西耳房是老舍先生的书房兼卧室。书桌对着东门，是硬木镶大理石材质的，摆放着老舍生前用过的眼镜、钢笔、墨水瓶、烟灰缸、台灯、收音机和台历等。老舍先生在这里生活了16年，度过了他的晚年并创作了24部戏剧和两部长篇小说，给我们留下了宝贵的精神财富，为推动中国现代长篇小说创作的发展做出了重要贡献。

其中《龙须沟》使他荣获了"人民艺术家"的光荣称号，《茶馆》成为北京人民艺术剧院的保留剧目，并且曾代表中国话剧第一次走出国门，享誉海外。老舍先生"生在北京、长在北京、死在北京，他写了一辈子的北京，老舍和北京是分不开的，没有北京，就没有老舍"（老舍夫人胡絜青语），可见老舍与北京是怎样一种感情了，难怪先生的作品里到处是北京的影子。

北房前两棵高大的柿子树由老舍夫妇亲手栽种，至今仍格外茁壮。据说每逢深秋时节，柿树缀满红柿，别有一番诗情画意，因此胡絜青女士早年就给小院起了一个雅号——丹柿小院，真是非常有韵味。

  这院子在王府井商圈附近也算是闹中取静，有围墙有树将城市的嘈杂都隔在耳外，不时有树上的小鸟愉快地打破它的寂静，一瞬间又飞走了。

  老舍先生一生作品优质丰富却谦逊地称自己是"文艺界中的一名小卒"，但在人民心中却是一代文豪。只可惜先生在"文化大革命"初期就被迫害致死，1966年8月24日早晨，老舍先生带着满身伤痕，怀着悲愤的心情离开了这个家。他向3岁的小孙女郑重告别："和爷爷说再见！"然后义无反顾地跨出了家门，永远地离去，自沉于太平湖。1998年这里建成老舍纪念馆，后免费向公众开放。

  快离开时在客厅里看见门口旁边的桌子上有一本游客留言本，上面有来自世界各地游客留下的参观感言。

　　我想起外面墙上那两句话，心里百感交集，于是拿起笔在本子上仿写了两句话：一个伟大的作家，不但需要用作品去感动人，更需要一种崇高的品格去启发人。老舍先生不仅用他优秀的作品感动了千千万万的读者，而且用高尚的品格启迪了读者，这才是一个人民作家、艺术家最大的价值体现。愿先生的悲剧不再重演，愿先生天堂安息！

我来到你的城市，找寻你笔下的痕迹

苏鑫慧

即使是在几乎处处皆有出处的北京，东城区的名人故居也显得格外多。与那些分外热闹的景点相比，这些地方即便在五一、十一这样的日子，也并无多少搅扰。外面人潮涌动，车水马龙，一走进胡同深处，瞬间觉得整个世界安静下来。在寻觅老舍故居的过程中，我找到了理想中北京的样子。胡同里院墙上绿绿的爬山虎和老北京周正的四合院，最是动人。

老舍纪念馆两年前就在我的行程之中，奈何两年间虽来北京的次数不少，几次匆匆而过，没来得及去；去年终于有时间，却又不巧赶上纪念馆闭馆装修。今年终于在休假时圆梦，参观到了一直心心念念的老舍纪念馆。

老舍先生不只在北京长期居住过，老舍纪念馆也不只北京有，但我固执地认为，只有在北京这片土地上，才能真正见识与理解老舍笔下的小人物世界。他将对北京的爱与对旗人的洞察都融入笔端，让读者阅后为之所动。我是通过《四世同堂》知道了兔儿爷，第一次来北京时到处找能买到兔儿爷的地方，可以说，我对北京未曾谋面前的好感，很大程度上是因为老舍先生的诸多作品。

和大多数北京的名人故居一样，老舍纪念馆是个规整的四合院。听说老舍在世时在这里的生活很清贫，连书房的地板都是周总理关怀才铺的。如果从今天的角度看，在北京的这个位置拥有一座四合院，老舍先生要成为亿万富翁了。天真的幽默家老舍先生，应该不会介意我这个小读者这样的调侃吧。

院中的两棵柿子树大概是老舍纪念馆最知名的两株植物了，这也是丹柿小院名字的由来。遗憾来的季节没能见到它们火红的样子，但也可以想象秋天时的盛况。看着这两棵树，心中想起几句不太恰当的古文："庭有枇杷树，吾妻死之年所手植也，今已亭亭如盖矣。"世事沧桑之感，古往今来大概都是相似的。这茂盛的柿子树，不知当年是否给老舍先生的猫提供纳凉的荫蔽？

　　几个屋子中有展示介绍老舍作品的展板，有手稿，还有生前使用的物品，摆放整齐的书房。想到这里是写出《茶馆》《龙须沟》的地方，继而又想到这里是《正红旗下》永远中断的地方，心中不胜悲凉。写作风格幽默风趣的老舍，竟会在人生的终点写下令人唏嘘不已的悲剧。

　　在未完成的《正红旗下》中，老舍这样评价旗人的生活方式："有钱的真讲究，没钱的穷讲究。生命就沉浮在一汪死水里。"今天看来，这好像不仅仅是说旗人。走出这小院，我不忍再去想未完待续的《正红旗下》，只想从今天的北京城寻找老舍先生笔下的北京性格与北京人情味儿。

丹柿小院——北京人灵魂的寄托

纪红

　　人们有个误区，以为胡同里面都是四合院，其实百分之九十九以上的胡同里都是大杂院，十多年前我和同学为了寻找一个真正的四合院跑了半个北京城，前提必须是平民居住的四合院，郭沫若、宋庆龄故居那种王府的不算。无意中第一次踏入丹柿小院，记得当时还收门票呢！5 元一张。之后只要有人提到四合院我就不假思索地推荐丹柿小院，当了多年老舍纪念馆宣传员居然没注意到这不是四合院。直到两年前听到老舍研究会史宁的讲解，我才知道原来丹柿小院不是四合院而是个三合院，用北京话说是：三合房。和老舍先生理想中的家还是有一定距离的。

　　丹柿小院是老舍先生在 1950 年用自己的版税购置的，按照国家规定是应该给老舍先生分配房子的，可他坚持托朋友帮忙用 500 美元置换 100 匹布买下来。连美元这样的硬通货都不能保值，当时的国情可想而知，然而在那个年代就是有这样一群人放弃国外的优越条件，积极回到贫穷落后的祖国投身到新中国的建设中。起初我很难理解为什么？因为他们中大部分都在"文革"中受到了冲击。我常想如果他们选择杨振宁、李政道的道路会怎么样呢？世界上会不会多几个华人获诺奖呢？当然历史是没有如果的。

8月24日丹柿小院举行了一场平民纪念先生的活动，没有华丽的场面、没有艺术界的名人大咖。演员和观众都是平民，人民自发来祭奠自己的艺术家应该是送给老舍先生最高的荣誉。

这个季节的平房院落，只要有花草的地方必然是蚊子的乐园，在小院里举行活动恐怕会变成一场蚊子的盛宴，我特意带了一瓶虫药水准备随时贡献给大家，节目过半了还没被咬一个包，蚊子都跑哪儿去了？只要有我在的地方，蚊子从来都会跑来聚餐的，基本上是十个起步啊！

滋——一个熟悉的背影（王馆长）出现在朗诵演员的背后，默默地对每一个花盆喷着，她把舞台让给了热爱老舍先生的读者和观众。

老舍先生的精神和文化既在他的作品和生活里，也在朋友们缅怀的文章里，更在李滨老师指导大家编排的《茶馆》《龙须沟》里，李老师 90 岁高龄冒着严寒酷暑为弘扬老舍的文化而努力着。耄耋、古稀、花甲的老人们在李老师"严苛"的指导下排出了只有人艺敢排的《茶馆》，最重要的是有些地方的表演居然不输专业的演员，得到了大家的一致认可。老舍纪念馆全体人员和人民群众都在用自己的方式继承着老舍先生的精神和文化，向世界展示北京文化，中国文化。

最后我必须再次重申，京味文化不是京骂、不是老炮，不信请您抽空看看老舍先生的文章。

老舍纪念馆供图

老舍纪念馆供图

老舍纪念馆供图

老舍纪念馆供图

老舍文学作品诵读等活动

好人老舍

徐鑫

我们这个年代的人，少年时接受高大全教育，似乎每个名人都是头悬梁锥刺股，刻苦努力，光荣正确。

后来长大了，互联网来了，又是完全颠覆。似乎每个名人都有些小故事。

老舍先生的文章，是从《骆驼祥子》开始读的。距今大约百年，但里面的话，拿到今天依然有鲜活的生命。

现在有个问答网站叫知乎，当今的青年在上面讨论结婚不结婚问题，《骆驼祥子》里面车夫的话贴过去竟然毫不违和。老舍先生对人性理解之深可见一斑。

老舍先生出身贫苦，父亲死于战乱，母亲辛苦抚养。幸得资助，完成基础教育。

而教育改变命运，免费的师范学校毕业后，老舍成了教育工作者，拿到 100 元大洋的高薪，可谓苦尽甘来。

　　后来，老舍又得英国友人相助，获得英国五年合同，远走英伦。

　　老舍写小说，应是兴趣所致，无心之作，写《老张的哲学》，未必就想要以此谋生。然后天赋经历所致，一举成名，此后一发而不可收。文名鹊起，得青岛大学教职。

　　民国时大学教职，待遇丰厚，工作不忙，老舍工资折算下来购买力有今天万元之多，为工人数十倍，再加之翻译稿费，老舍在青岛生活可谓优越。

　　老舍是有骨头的，《骆驼祥子》《月牙儿》，都在描述底层人的苦痛。从贫到富，老舍也曾是底层的一员。他用笔为贫者呐喊。

　　李大钊写对联，铁肩担道义，妙手著文章，老舍的铁肩在心里。

　　抗战兴起，老舍用笔从戎，不要当莎士比亚，用笔作枪，宣传抗日。这才是士的风骨。

　　老舍也是有爱的，高大全的是塑像，有血有肉有情的才是人。

　　我走过各地的老舍故居，在青岛，老舍种花练武，在北京，老舍养鱼逗猫，把玩字画、陶俑。生活情趣较之今天的文艺青年丝毫不差。

　　当风云突变，灾难来临，内心刚烈的他不甘受辱，选择投湖。

　　少年时，被教育所惑，视老舍先生为泰山北斗，文学巨匠。

　　如今，洗去铅华，我看到的是一个好人老舍。

　　人逝 50 年，而老舍先生的心通过他的文与我们灵犀相通，百世不朽。

老舍纪念馆供图

老舍的文学精神

李玲

　　每年 8 月下旬，一帮朋友，只要还在北京，总要相约去一趟老舍故居——灯市口丰富胡同 19 号的丹柿小院。有时是一起读一读老舍先生的作品，有时是观看老舍戏剧排演，有时只是大家聚在一起聊一些与老舍相关的事儿。

　　坐在那四合院稀疏的树影下，想象着老舍先生当年在院里浇花、打太极拳的情景，老舍笔下那些车夫、巡警、小商人仿佛就在外面的胡同、马路上来来往往，老北京的况味也就自然扑进你的心头。你也便不能不去深思老舍的文学精神到底是什么。

一、安恬的故园之思

"面向着积水潭，背后是城墙，坐在石上看水中的小蝌蚪或苇叶上的嫩蜻蜓，我可以快乐的坐一天，心中完全安适，无所求也无可怕，像小儿安睡在摇篮里。"老舍对北京的情感是一个人对生于斯长于斯的乡土的眷恋。在他心中，北京不是彰显皇权或施展政治谋略之地，而是让自己的心灵得到安宁的温馨家园。故土北京给他的审美感受，不是由陌生化所产生的震惊感，而是因熟悉所滋养出的亲切感。所以，他把北京比作自己的摇篮，把自己对北京的爱比作对母亲的爱。他说："……我的最初的知识与印象都得自北平，它是在我的血里，我的性格与脾气里有许多地方是这古城所赐给的。"正是这城与人和谐共生的关系，奠定了老舍生命的安宁感。

老舍还说别人可能喜欢北平的"书多古物多"，而他自己则只"喜爱北平的花多菜多果子多"。从日常起居、瓜果蔬菜中寻找"诗似的美丽"、体验人生的"清福"，老舍的北平风物书写中透出对普通人生活方式的诗意阐发。这种诗意没有出尘避世的意味，而与平凡人生密不可分。老舍审视北京风物的本地居民视角还具有平民特色，而不同于钟鸣鼎食的王公贵族的视角或全然不问柴米油盐的文人墨客的视角。同时，老舍笔下的北京诗情，是都市平民日常生活与乡土田园诗意的融合，也绝不同于海派文学中的都市摩登、西洋风味。

对故土的热爱，也成全了老舍的文学成就。故乡能在心里扎根，真是有福！无论是漂泊在伦敦、新加坡、美国，还是辗转于青岛、武汉、重庆，他都是那带线的风筝，心有所系，心有所归。

二、荒凉的生命悲感

读老舍的作品，我既感动于他对笔下人物的热爱之情，也震慑于他那悲剧性的生命体验。他是那么喜欢自己创作的洋车夫祥子，叙述起祥子的故事，他就像一个慈爱的父亲在向左邻右舍絮叨独子的种种行状。他为祥子的勤勉节俭自豪，也为祥子的淳朴忠厚感到骄傲。但是，老舍的故事走向从来都不是恶有恶报、善有善报，而总是好人没有善终。他最痛恨的就是大众文化"光明尾巴"中的精神麻醉。他让心爱的祥子最终变成了一具行尸走肉。

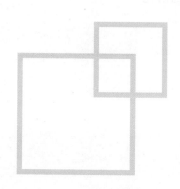

他痛心地告诉读者，这不是祥子自己的过错，而是不公平的社会没有给祥子生路。"坏嘎嘎是好人削成的。"他代祥子向社会发出了沉痛的控诉。凡贴着老舍的心而生长出来的小说人物，他总是无奈地认定着他们无地生存的命运。《骆驼祥子》中的祥子最终"不知道何时何地会埋起他自己来"，《月牙儿》中的母女俩除了卖淫没有别的生存之路，《茶馆》中的王利发在绝望中上吊自尽。是多么沉重的生命悲感，才能营造出这一系列荒凉的景象？！

　　这种骨子里的荒凉感来自何处？是投射了早年父亡家贫的困窘生活印迹，还是感应了旗人在清末历史剧变中的悲剧命运，抑或是体验了中华民族十九世纪中叶以来遭强权践凌的耻辱？或者说，只是基于天赋的个性气质？也许准确的判断应该是来自这四种因素的合力。

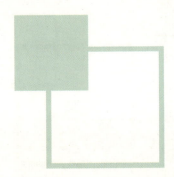

三、豪横中的道德坚守

尽管老舍代祥子们对社会不公发出了最沉痛的控诉，但是，他并不鼓动这些不幸的底层人起来进行暴力革命，他对现代民主政治也不甚了解。他不是写《水浒传》的施耐庵。他从来都不愿意社会走向动荡，而十分担心人的道德败坏。他盼望有一个合理、稳定的社会秩序，能让勤勉的车夫、本分的商人、负责任的巡警都能靠自己的本事吃上饭、过上有尊严的生活。但是，由什么样的路径能建成这样的社会，他不知道。

他痛恨各种投机取巧、恃强凌弱、不负责任。他赞赏不计名利地埋头苦干、自律自为。他常用"豪横"这个词赞美在贫困中自尊自爱、刚强而有骨气的人。"肚子里可是只有点稀粥与窝窝头，身上到冬天没有一件厚实的棉袄，我不求人白给点什么，还讲仗着力气与本事挣饭吃，豪横了一辈子，到死我还不能输这口气。"这是小说《我这一辈子》中那个失业老巡警的自白。豪横的人，硬气是对自己的，不是对别人的。散文《我的母亲》不仅写了母子深情，还写出了母亲"软而硬"的个性。这软便是不与人较劲，凡事让别人，有委屈自己受；这硬便是勇于承担责任，从容应对生活的种种艰辛。

老舍继承了母亲这种肯吃亏、有担当的品质，他一辈子也是那样的内方外圆、孤高豪横。所以，他受辱的时候，只能选择走向那一条决绝的自我了结之路。生命的尊严感，使得他不能忍辱偷生，而克己的精神又使得他不会走向反叛。当然，那个时代，也根本不存在怀疑与反叛的空间。他是良民，但也必须是良序社会才配得上他。可是事实上，他一生的多数时光都在乱世中度过。

老舍纪念馆供图

四、幽默中的自我救赎

老舍先生生于乱世，虽然亲近过佛教，也接受了基督教的洗礼，但还是以非教徒的方式来确认人的救赎之路。他以两种方法来为自己和自己笔下的不幸者寻找精神支撑。一种是内心中的道德坚守，那是他心中的头等大事。另一种是戏谑与幽默，这在别人看来也许不如伦理道德那么重要，但对他来说却绝不是可有可无。

他笑一切可笑之事，被人戏封为"笑王"。他有时含着眼泪笑生活中的矛盾。"改良！改良！越改越凉，冰凉！"《茶馆》中伙计李三的这句台词，让观众忍俊不禁，却也让人觉得心酸。直面荒凉无望的生命体验，老舍没有像鲁迅那样去建构反抗绝望的生命哲学，而是常常把悲情抒发与幽默戏谑的叙述态度结合起来，建构起悲喜交融的独特的美学风格。他有时并没有那么沉重，纯然只是为了轻松的愉悦而会心地笑着。"换毛的鸡""隐士卖梨""狗长犄角"都是他对牛天赐这个普通孩子的善意调侃。老舍的语言充满民间谐趣，其幽默格调不同于林语堂所倡导的绅士阶层的冲淡式的幽默，而更多语言狂欢的意味。他要用笑声为那萧索的世界点上一串炮仗，为自己、为笔下的苦人制造一点生命的暖意。

探寻先生的足迹——重庆

四世同堂纪念馆位于北碚区天生街道天生新村 63 号，是老舍先生抗战时期在北碚的寓所，该房屋是 1940 年 5 月林语堂先生所购之住宅，先生离碚时将此房捐赠给全国文艺界抗敌协会。1940 年春，老舍来渝主持文协工作，1943 年居住于此，1946 年赴美讲学。他在此写下了《四世同堂》第一、二部以及其他抗战小说、戏剧、散文、杂文、曲艺、诗词和回忆录各种作品数百篇，近两百万字。同时，还以"多鼠斋"为题，连续在《新民报晚刊·西方夜谈》上发表《多鼠斋杂文》12 篇。2010 年 11 月 24 日，该处正式挂牌为"四世同堂纪念馆"。

1982 年，老舍夫人胡絜青故地重游，探访其旧居时写下了
《一八九二年旅北碚诗》，诗云：

　　　　　一别北碚走天涯，三十二年始回家。

　　　　　旧屋旧雨惊犹在，新城新风笑堪夸。

　　　　　嘉陵烟云流渔火，缙云松竹沐朝霞。

　　　　　劫后逢君话伤别，挑灯殷殷细品茶。

老舍纪念馆供图

老舍纪念馆供图

传　承

在老舍故居

王谢延直

前几天，我和妈妈、弟弟一起去老舍故居。这是一座小四合院，在灯市口附近。老舍先生在这里住了 16 年，直到他 1966 年去世。

一进故居，我就想起了老舍先生写的散文《猫》。我仿佛看到了一只淘气的猫打碎了花盆，踩坏了花草。老舍先生的文章能让人身临其境。他写小动物的散文还有《小麻雀》《母鸡》。从这几篇文章中，我体会到老舍先生是一个很有怜悯心的人。《小麻雀》中的一句话："一只飞禽失去了翅膀是多么可怜"，让我非常感动。小麻雀那乌黑的眼睛和受伤的翅膀常常浮现在我的脑海中。

读了老舍先生的散文《宗月大师》和《母亲》，我还知道了他是一个善于学习他人优点、严格要求自己的人。宗月大师特别爱帮助别人，即使自己穷了，他也要掏出仅剩的钱去救济别人。老舍先生被宗月大师的美好品质感染，舒舍予的名字就体现了牺牲自己、帮助他人的精神。老舍先生还继承了母亲既坚强又勤劳的性格。老舍先生很小的时候，父亲就去世了，他的母亲以给人洗衣服为生，用自己的双手养活了儿女。老舍先生也很勤劳，他小时候不仅学习努力，还像母亲一样爱卫生、守秩序。他一生写了许多优秀的小说、散文、戏剧，代表作有《四世同堂》《骆驼祥子》等。

　　站在故居的四合院中，望着老舍先生的铜像，我的心和老舍先生连在了一起。我也要成为一个善良的人，关爱他人，关心小动物；我还要做一个好人，努力向上，严格要求自己。

走进丹柿小院

走近北京文化名人

富诚凯

清明前夕，我们在陈老师的带领下参观了老舍故居——丹柿小院。我之前读过一些老舍先生的作品，仰慕先生的文学成就，那这么一位伟大的作家，他生活的地方会是什么样的呢？老舍故居位于北京市东城区灯市西口的丰富胡同，紧邻王府井大街，那可是市中心的繁华地带，我觉得肯定是又大又气派。

可是在老师的带领下，我们走进了一个普普通通的小胡同，四周冷冷清清的，太平常不过了。跨进四合院的大门，先是一个五彩小木影壁，中间写着一个红色的大"福"字。接着是一个门房，再往里是四合院的正房和东西厢房。清静幽雅，仿佛这里的一切一下子与闹市隔绝。院内有两棵柿子树，从书上我知道这是老舍夫妇亲手种下的，每到秋天，火红的柿子挂满枝头，老舍夫人胡絜青先生称这里为"丹柿小院"。忽然"喵"的一声猫叫，我们抬头一望，发现一只大花猫在房顶上向我们张望，我们都兴奋地叫起来："老舍先生家的猫来了。"它一副不以为然的样子，看看我们就走了。

活动开始了，我们首先在清明时节祭奠先人，大家向老舍先生鞠躬默哀，敬献了鲜花，表达对这位伟大文学家的崇敬和怀念。接着，工作人员向我们介绍了小院的情况。讲解之后，我们按事先分好的小组开始自行参观。我们走进展室，里面有老舍先生生前用过的写字台、床、沙发、电扇等，还有一个大书柜，里面摆满了发黄的书，我想老舍先生一定是读了很多书才写出那么多好的作品。另一间展室有名家书画作品，也有他的一些手稿，上面有密密麻麻的修改痕迹，妈妈走过来，对我们说："老舍写每篇文章，都要认认真真、反反复复地修改好几遍。"我一看，真的是啊！看到这里，我被老舍先生这种认真、细心的工作态度感动了。妈妈又说："老舍先生在这个美丽的小院里度过了他生命的最后16年，他在这里写了话剧《方珍珠》《龙须沟》《茶馆》以及未完成的自传体小说《正红旗下》等24部著作。"他朴实、诙谐、幽默的写作风格，为大家呈献了一部部精彩的作品，至今深受人们的喜爱。因1951年创作了话剧《龙须沟》，北京市政府授予他"人民艺术家"的称号。可是，在1966年8月24日，在"四人帮"的迫害下，老舍先生在太平湖投湖自尽，一位伟大的文学家就这样遗憾地离开了。

这个宁静的小院饱经沧桑风雨，依旧傲然、威严地挺立在此，至今我们还可以依稀找到先生的影子。房顶上的鸟叽叽喳喳，似乎只有它们才读得懂这里的故事。真不想打破这朴实小院的寂静啊。相信先生的精神与微笑永远与我们同在……

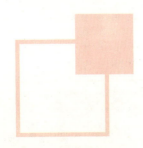

传承

孟子煜

　　漫步于老北京的街道，不经意又来到了这个熟悉的地方——老舍先生的故居——丹柿小院。这里因老舍夫妇亲手种植的柿树而得名，如其人其文一样简素朴实，回味悠长。烈日炎炎的夏日，听得到京味浓厚的叫卖声与悠长的蝉鸣，有时也夹杂着回忆里那一番鸽哨声，这便是北京的夏日。

　　我不曾体会过父辈们口中的夏季，在树荫蝉鸣下追逐嬉笑，赤着脚爬上树去抢那小果，蹲守在草丛中捉那蝈蝈。但我记忆里最深刻的夏日，是丹柿小院那一日。明艳的阳光洒落院底，院中的柿树浓郁成荫，一砖一瓦砌起的院墙，铺满青苔的大水缸，挂着水露的草丛……那是北京文化与我的第一次碰撞，更是一次心灵的洗礼。

还记得那个穿蓝色裙子的女孩，她的主题朗诵是《茶馆》第二幕，尽管台词几乎倒背如流，她还是难以平静心中的紧张焦急。躲在院中的墙根儿下，一次一次地练习着表演。比赛前，她无数次观看话剧视频，从中汲取经验、揣摩细节。终于轮到她了，她紧张得牙齿打战，头皮冒汗。但她看见了舒济女士慈祥温暖的笑容与期待的目光，或许这就是她心中地道的北京味儿，她心中永远的记忆。

那个女孩儿一下子变得从容，她镇静地走上台，开始她的吟诵。丹柿小院的阳光映入她的心间，让她自信而投入。她出色的发挥，最终得到了评委们的赞扬。那就是一年前的自己。

记得当我拿着珍藏许久、翻过多次却依旧完好的《茶馆》交给舒济老师签名时，她热情地询问我，是否喜爱表演，怎么把《茶馆》表演得这么精彩，我说是因为喜欢和崇拜老舍先生。舒济老师又问我为什么喜欢老舍先生，我却突然语塞了。这一刻，老舍先生的作品在我脑海中不断闪现、回放。我忽然坚定地回答："是因为老舍先生带给我们的那一种光明。"一千个人心中有一千个骆驼祥子，一千个人对于老舍先生的作品也有一千种解读。但唯一不变的是，老舍先生文字中传递的一种光明、希望与美好。

那一日，舒济女士对我们说，老舍先生的文化需要合适的人来传承，而你们这些新生力量，则是传承文化的火炬与明灯。纪念老舍先生吟诵会的目的，更多的是希望你们将这一份世代留存的光明继续传承，永不熄灭！

站在丹柿小院门前，回忆戛然而止，阳光映照在我的脸庞上，也镀出小院淡淡的光晕。我们徒步走到人艺剧院，等待《四世同堂》话剧大幕的拉开。

写在记忆中的美好

巩同泽

来上海工作一年多了，忙碌的工作让我渐渐淡忘了在北京的学习生活，但那段在老舍纪念馆做志愿者的温馨画面却永远地写在了我的脑海里。

与丹柿小院结缘，还得从"志愿北京"说起，非常感谢我们学校团委的宣传，感谢"志愿北京"这个项目的推荐，我有幸来到老舍生活多年的丹柿小院，可以如此近距离地了解老舍先生的一生。

以前我对老舍先生的了解仅仅停留在中学课本中学到的几篇课文：《猫》《济南的冬天》《在烈日和暴雨下》等。在老舍纪念馆做志愿者的近一年时间里，我对老舍先生的生平有了更加深刻的认识。他的一生是奋斗的一生，是立志报国的一生；他的作品折射出来的更是一段段的历史：一段旧中国统治阶级压迫劳动人民的历史，一段北京人民同心协力奋起反抗日本侵略者的历史……

刚来老舍纪念馆的时候，我们对老舍生平、讲解的方法和技巧不是太熟悉，通过何婷老师的耐心指导，我们从开始不会讲解到后来能熟练地给各地的游客讲解，这些游客中有来自香港的学生、澳大利亚的教授，还有来自法国的钟爱老舍先生作品的书迷，等等。讲解的过程让我对方法和技巧有了更好的把握，而游客们投来的满意眼神和一声声的谢谢也让自己因为帮助别人而得到了真正的快乐。

服务他人，成就自我。在老舍纪念馆近一年的时间里我渐渐爱上了这份"差事"，因为我不仅从中增强了沟通的能力，还提高了口语水平，增长了自信心。于是我

把这"差事"当成了我和老舍先生的约定：每周三下午、周五上午都准时地从魏公村坐 614 路公交车到灯市口西街，走过一个路口，给游客讲解我所知道的老舍。

没有游客来访的时候我便出去逗逗院中的猫，当你走到它的跟前，这只机灵可爱的大猫绝对不会因为害怕而跑掉，相反，它会"用身子蹭你的腿，把脖儿伸出来要求给抓痒"，它的习性与老舍先生的作品《猫》中描述的一模一样。不过，这只猫本领可能更大些：它能飞快地爬到树上去，然后一待就是一上午，不管你怎么喊它，它都不会下来，我想它心里可能在想：有如此冬日暖阳，我才不下去呢。不过有一次那只猫的确因为爬太高下不来了，停在树半空一直叫着，我们拿来很粗的棍子想让它顺着爬下来，它可能因为不敢下来还在那里叫着。我伸出手去想让它跳到我的怀里来，过了好半天，这只胆小的猫才跳下来，看到被困的"笨猫"得救，我们都哈哈地笑了。

有时候我会向宋阿姨问一下纪念馆中关于老舍先生的一些其他故事，她总会很热情地告诉我们好多。

　　她还邀请我等丹柿小院的柿子熟了来吃柿子。遗憾的是我还没等到柿子成熟就已经毕业了。在临近毕业的时候，我最后一次来到丹柿小院和宋阿姨合影留念，就这样我告别了这里，告别了北京来到了上海。

　　上海忙碌的工作总是让人很难放慢生活的节奏，每当我工作中遇到困难或是生活中碰到挫折，我总是想起在北京读研究生的美好时光，想起那段在灯市口西街那个温馨的小院儿中给外国友人讲解老舍一生的生动画面。想到这些，我总会找到一种无形的动力：老舍先生出身贫寒，却通过自己的努力实现了人生的一个个飞跃，最终成为中国文坛一颗璀璨的明星。我拥有比老舍先生好很多的客观条件，那还有什么理由不努力实现自己的人生梦想呢？

　　感谢那段在老舍纪念馆做志愿者的美好时光，让我有所收获、有所成长、有所进步。那份写在我记忆中的美好，不会磨灭，不会消失。我相信老舍先生的精神也一定会如灯塔般照亮我人生前进的方向。

在老舍故居

王宏洁

　　初次接触老舍先生是在小学的语文课本里，一篇《猫》将憨态可掬的小猫描写得活灵活现，给枯燥乏味的课程平添了许多乐趣。再后来的《养花》《济南的冬天》等文章真实地把先生的日常生活展现在了我的面前，从此"老舍"对我来说不再只是一个伟大文豪的名字，而更像是邻居家和蔼可亲的爷爷。上中学后读了《茶馆》《骆驼祥子》两部话剧，王利发、祥子、虎妞等人物形象便活在了我的心里。

　　上了大学后，听说老舍故居招收志愿者，我便第一时间报了名，经过面试、培训后，终于成为一名合格的志愿者。从初次讲解的紧张不安到后来的从容淡定，在公益服务的道路上我真的成长了许多。在这个不足三百平方米的小四合院里，我接触到了来自全国各地的游客，陪他们一次又一次地回味老舍先生传奇的一生。络绎不绝的游客中有跟团前来，拍照留念后就匆匆离去的，也有每个角落都要细细研读，一待就是一下午的；有牵手而行的甜蜜情侣，也有头发斑白的花甲老人；有背着单反取材的摄影师，也有带着孩子感受名家风范的父母。无论是何种形式的参观，只要是来到老舍故居，都会被这间小院安静闲适的氛围感染，心中不自觉地就会对这位伟大的人民艺术家产生强烈的崇敬之情。

下面这件小事给我的触动很大，第一次讲解时遇到了一位专程从江西前来参观的书迷，在我讲解结束后他再三对我说谢谢，临走时还给每位志愿者发了糖果。那两块糖吃起来格外甜，这是我第一次觉得为他人服务是如此的幸福，我找到了自己做志愿者的意义和价值。他对老舍先生的崇敬以及他听讲解时认真的表情都深深地感动了我，也就是这件事坚定了我要把志愿服务好好做下去的信念。

随着故居的闭馆整修，我的志愿服务也要告一段落了，参加志愿活动的经历是我人生中最宝贵的财富，我感受到了人与人之间那种无私奉献的温暖，也找到了自己存在的价值。感谢老舍故居给我这个机会让我实现自我，也感谢丹柿小院给我的性格增添了一丝恬静与淡然。深秋时节果实挂满枝头的柿子树、鱼缸里无忧无虑的小鱼、书屋里安详的大爷以及络绎不绝的游人，这些于我来说都是最珍贵的回忆，我将永远珍藏在心里！

丹柿小院里的志愿者

许明鹤

三年前，我第一次走进丹柿小院，那是金秋十月，院子里的两棵火晶柿子树正硕果累累，红红的柿子，像小灯笼一样美。也正是那天，我从大学生志愿者的讲解中第一次知道了"丹柿小院"。那天，我离开丹柿小院时不仅带走了对老舍先生满满的崇敬和怀念，还带走了一个梦想，一个志愿者的梦想。

今天，我又走进了丹柿小院；今天，我是一名老舍纪念馆的志愿讲解员。冬天的丹柿小院里，虽然不像金秋时节被色彩渲染着生机，但也没有冬季的萧瑟，因为寒假里的老舍纪念馆里到处都是孩子们灵动的身影和好奇的询问声。低头看看自己脖子上的志愿者讲解证，心里不知不觉升腾起的自豪瞬间化作洋溢在脸上的笑容。"亲爱的观众朋友们，欢迎来到老舍纪念馆……"在丹柿小院里，我开始了人生中的第一次志愿讲解。

脑子里一边回忆着何老师给我们培训时的要求，一边像过电影一样把讲解词与眼前的展品联系起来。虽然讲解词还有些不太熟练，虽然第一次面对观众会有些局促，但观众们信任的眼光，尤其是孩子们瞪着眼睛，认真地听着讲解，生怕漏掉一个字的场景让我瞬间责任感十足。是啊，在这里，在讲解员的岗位上，我就是文化的传播者，我就像桥梁一样把老舍先生笔下那沧桑的小羊圈胡同与现代化的北京紧紧连接起来，把老舍先生与观众紧紧连接起来！

从院子里的五彩木影壁和鱼缸，讲到老舍先生的书房，从老舍先生的著作讲到老舍先生的收藏，从《骆驼祥子》讲到《四世同堂》，从重庆讲到北平……老舍先生的足迹在脑海里越来越清晰，越来越深刻。

夕阳把余晖洒在这简朴温馨的院子里，照在五彩影壁的"福"字上，眼前仿佛是满眼的花草，还有那篮里猫球盆里鱼。"这一家子人，因为吃的简单干净，而一天到晚不闲着，所以身体都很不坏。因为身体好，所以没有肝火，大家都不爱闹脾气。除了为小猫上房，金鱼甩子等事着急之外，谁也不急叱白脸的。……这个家庭顶好是在北平，其次是成都或青岛，至坏也得在苏州。无论怎样吧，反正必须在中国，因为中国是顶文明平安的国家；理想的家庭必须在理想的国家内也"。

离开丹柿小院时，老舍先生已经走进了我的心里……

老舍纪念馆供图

老舍纪念馆供图

老舍纪念馆供图

老舍纪念馆供图

老舍纪念馆供图

老舍故居夏季民俗活动

心中的丹柿小院

@唯食忘忧

老舍先生，大概是每一个北京人心目中的偶像。他笔下古都的温暖、古朴和精气神，没有人能超越。先生作品中诙谐的京味对白，热情的老北京人，古都美丽的瞬间，都让从小生长在北京的我认同与热爱。

很小的时候就接触老舍先生的作品，从母亲推荐给我的暑假读物《小坡的生日》，到每天中午都不曾错过的任宝贤先生演播的《牛天赐传》，仿佛整个童年都沾上了北平的蝉声树影，特别快乐的新加坡小朋友小坡和不大快乐的云城小朋友天赐，都好像自己的小伙伴一样熟悉。后来逐渐接触了更多他的作品，收集了整套的老舍文集，长篇短篇，散文与相声，很多细节渐渐融进了我的日常生活，像我的一盆不怎么开花的小植物叫张秃子（《小坡的生日》里和小坡打架的小朋友之名，想象中头发不多），像一个不断复读的热心朋友被我称为八棱脑袋的（《牛天赐传》里一个无所不知的留级生，"全知"也是因为老留级），冬天喜欢用鲜红的卞萝卜养鹅黄的小白菜心欣赏，夏天必得想办法"捞回几条金丝荷叶与灯笼水草"……更不用说先生笔下令人垂涎欲滴的吃食们——羊肉锅子，打卤面，肉丸子，甚至当笑话儿写的冻柿子和花生米……简直处处都有趣，都令人喜爱。

去国近十年，在海外，对老舍先生笔下传神的故乡之美愈加怀念。我总在想，因为机缘和战乱，老舍先生先后在海外和异乡生活，先生笔下美丽的北平，其实也许更多是他思乡情怀的抒发（像《四世同堂》），因为只有身处异乡，对故乡之美的感受才会更敏锐，更清晰，也更深切。寒来暑往，他笔下的古都四季也陪我度过异乡岁月，春天"地上与河里的冰很快的都化开，从河边与墙根都露出细的绿苗来。柳条上缀起鹅黄的碎点，大雁在空中排开队伍，长声的呼应着"，夏天里"音乐化"的吆喝，十三陵的樱桃、杏、歪嘴小红桃、玉李和嫩藕，"到北海打个穿堂，出北海后门，顺便到什刹海看一眼……不肯坐下喝茶，而只在极渴的时候，享受一碗冰镇的酸梅汤"。秋天的"繁露晨霜与桂香明月"，冬天的"围炉闲话，嚼甜脆的萝卜或冰糖葫芦"……都仿佛一张一张熨帖到心里的故乡风景画，让身在异国他乡的我禁不住时时翻看，爱不释手。

　　一次偶然的机会，读到郝贝贝的《到老舍故居上班吧》，非常喜欢，也萌生了要去丹柿小院"朝圣"的念头。今年春节回国探亲，雪后初晴的一天，终于踏进了丹柿小院的院门。小院打扫得非常干净，张灯结彩，门口影壁上大大的"福"字，又像"梅"，据说就是胡絜青先生手书的，寓意多福。院子里老舍先生胸像旁还有桃花盆栽，将节日的小院点缀得喜气洋洋。因为过节，又是下午，没有见到志愿者，但是展室干干净净，展品丰富有趣。我细细参观了各个展室，查看每一张照片、手稿和卷轴。去回想先生笔下他的家，他的日常生活，老北京的一切，揣摩他离乡与回乡，远行与定居的心情。想着夏天应该再回小院看看，树荫里的院落，肯定又不一样。在丹柿小院的书店，居然还找到了熟悉的

老舍纪念馆供图

朋友——单行本的两本小书《小坡的生日》和《牛天赐传》，配有丁聪先生所绘的插图，连忙收藏，热情的工作人员还帮忙印下"丹柿小院"的红章，让这次"朝圣"之旅特别愉快和圆满。

离京返程的飞机上，一转眼又是天涯海角，抱着两本"丹柿小院"的小书，"语言是不够表现我的心情的，只有独自微笑或落泪才足以把内心揭露在外面一些来。我之爱北平也近乎这个。夸奖这个古城的某一点是容易的，可是那就把北平看得太小了。我所爱的北平不是枝枝节节的一些什么，而是整个儿与我的心灵相黏合的一段历史，一大块地方，多少风景名胜，从雨后什刹海的蜻蜓一直到我梦里的玉泉山的塔影，都积凑到一块，每一小的事件中有个我，我的每一思念中有个北平，这只有说不出而已。"（《想北平》）

老舍先生心中的丹柿小院，异乡人心中的故乡，都是这样吧。

小院儿里的欢笑

张佳雨

2016 年 8 月 24 日，是老舍先生亡故 50 周年的日子。和往年一样，我往丹柿小院去，聊作怀念。那时还未闭馆改造，我记得院中似是有把椅子。我每每坐在椅子上，看院中陈设，想先生在这里是如何生活的，想象那儿的一草一木俱留有他的痕迹。

可能是少年常沉溺于莫名的伤感，有很多年，我想到老舍先生的时候，总觉得悲从中来。《茶馆》最后一幕三位老人撒起的漫天纸钱，《四世同堂》里护城河上漂流的天佑老人，本就是让人一想起便会痛心的了。而忌日，五十周年的忌日，似乎在有意无意地加重这种情绪，且容易叫人想象五十年前的那个夜晚先生经历过什么，在想什么。这样一个温厚的作家，这样一个规矩而热心的人的离开，总是令人痛心的。院子里人不少，但这样的情绪似是已经把我带到一个和身边人完全不相交的世界里。

有人破坏了这样的气氛。院子里突然传出一串笑叫声。抬头四顾，看见两个小男孩儿，展板展柜一眼也不看，就在院子里跑着玩儿，你追我赶，大笑大闹。我有点儿暗怒，我觉得这个日子应该是安静的，肃穆的，至少不该允许追跑打闹。我甚至几度想要站起来制止他们，最终还是坐在那里望着他们，忧伤的情绪也随之戛然而止，回到这个现实中的，2016年的世界里。

临近午饭时分，一个父亲坐在院中的椅子上唤着儿子的名字叫他回家。跑得满头大汗的小男孩儿不情愿地蹭到父亲身边。

父亲问他："你有没有读过老舍的文章呀？"

小男孩儿声音嘹亮干脆："读过！"

然后被父亲牵着手，一边往外走，一边绘声绘色地描述着浸得碧绿的腊八蒜与略带辣味儿的醋。我记起那是我小时候学过的课文，《北京的春节》。

我看着他们走远，拐弯儿，消失在影壁后头，小男孩儿的声音不停。或许是那样质朴而画面感强烈的文字真能给人带来强烈的精神愉悦吧，我竟随着他们一起笑了。那个瞬间突然感觉老舍先生或许就在这个院子里看着我们呢。他是那样真切地被每一个人铭记着。

　　大修前，纪念馆里我印象最深的一件展品，是老舍先生手写的小学课本的一张照片。那一页有很多生词，有的还标注了读音。我看过先生的手稿，知他字迹向来工整娟秀，可也少见那样的横平竖直，一笔一画，真像是打印上去的一样。我想到他是做过小学校长，做过"北郊劝学员"的，便常常想象他一笔一画地写下那些生词的时候，是多么端凝，多么用心。他的一生里，有太多太多的好作品，数也数不尽。小学课本大约是其中最不值一提的，以至很多人大约都不知道他有过编撰小学课本这样的功绩。可是每每想及那几行小楷誊写的生词，我常感到那里面透出对孩子们的一片拳拳爱心，那是多么强大的一种力量啊。

老舍纪念馆供图

想起那张照片，我不禁为自己一厢情愿地不愿孩子在小院儿里玩耍感到惭愧了。他们都是同小花儿，小顺子，小妞儿一般大的年纪，老舍先生若尚在，看到这一院子的孩子跑啊跳啊，想必也会欢喜的吧。他是爱孩子的。孩子也记得他。也许不知道哪一天是他50周年的忌日。可是记得那些笃厚的话语、绵密的情致与灵光一现的幽默。50年，太平湖都已被填平了，他的肉身在这世上已不留一丝痕迹了。然而文字是久远的，再过多少个50年，经历多少沧海桑田的变幻，都不足以让那些话儿消失。想来，这也就是为什么人去久矣，我也依然感到他就在这小院儿之中——文字是不死的。

　　展厅大修近一年，我也许久未进小院儿。重新开放未及两日，正值先生诞辰，我与男友同往。小院儿和展厅都焕然一新，展品也换了许多，有穿着校服的我们的高中学弟在那儿义务讲解。我头一次听到了老舍先生的声音，似是录制给外国朋友的学中国话的录音带，语调听上去温文、恬淡，真是像极了他的文风，平实质朴。展厅的一角有一个多媒体的展示名叫"祥子快跑"，按照祥子曾拉车跑过的路线做了一个颇可爱的动画，我俩站在一旁被逗得哈哈大笑。在展示几种作品不同译本的展板前，我俩"根据译文猜原文"，笑闹不止，不亦乐乎。

　　时隔许久，再细细端详小院儿这位老朋友，真切地感受到比从前更多的欢声笑语。看到孩子们，好像比从前更乐于跑进展厅，这儿摸摸，那儿看看。许是年龄增长的缘故，越发向往平朴温馨的美好。那日立于小院儿之中，恍惚之中感觉在那儿是能够拥有的。常有人说老舍先生是北京的"市民作家"。这城市里的一草一木，与所有可爱的人，都通过他的描摹鲜活地浮现于我们的生活之中。他带给我们悲怆与苍凉，更赋予我们无尽真实的、充满生活色彩的欢喜，令我们感受到，能够拥有这样一位作家，对于这座北京城，对于偌大的中国，是多么值得骄傲的事儿。我盼小院儿里有经年不止的欢声笑语，或许这是对先生最好的铭记。

此是春风第一花

方雅惠

去年暑假，我陪女儿旅游，抵达北京的第一天，她就迫不及待要寻访丹柿小院。我知道，女儿是读了老舍先生的《猫》《养花》等文章，被先生字里行间洋溢的炽热深情感动，喜欢先生那风趣幽默、亲切率真、充满"京"味儿的语言，于是便急着去瞻仰先生，感受先生博大的情怀。女儿说，读先生的语言很轻松，很快乐。还有就是丹柿小院与我家还有着多年的情愫。

丰富胡同，这个我打小就熟记的地名，穿过喧闹的王府井大街，很快就寻见了。幽静的小巷里，镌刻着"老舍纪念馆"的朴质木匾，赫然挂在十九号随墙的灰瓦门楼砖柱上，这就是老舍故居"丹柿小院"。一九七九年春，老舍夫人胡絜青坚强度过磨难，重拾画笔，画了一幅满载万物复苏春讯的《南枝图》，从这小院寄往南方水仙花的故乡——漳州，赠送给我父亲。老舍先生率真、平易近人，是那么热爱人民，热爱生活，每个受过先生关怀和帮助的人都深深为先生的遭遇震惊，更为先生的离去痛惜。父亲赞叹先生犹如家乡的水仙花"不许淤泥侵皓素"，唯有以花来慰祭和感怀先生。自此，素洁清雅的水仙花便年年报春在丹柿小院里。

不巧遇到故居闭馆修缮。我们在馆前静静伫立，目光越过院墙，院内树木葱茏，绿叶成荫。先生与夫人在这座热爱的小院里种树莳花，写作绘画，用笔墨耕写了对北京的热爱，为人民创作了大量的文学作品。汪曾祺曾说先生的文章"俊得花枝助"，先生如此爱花，在百花凋零的冬末春来时节，案前定然不会少了清韵雅致、高洁的年花——水仙。正如胡老在给我父亲的信中谈及水仙花时说道："我是连年案头供养的心爱物，老舍生前每冬必养的一种花卉"，我仿佛看到书案上的水仙嫩黄娇白清绿，点缀春景，先生伏案写着："从腊八起，铺户中就加紧地上年货……卖水仙花等等都是只在这一季节才会出现的。"胡老也是年年精心侍弄着南方寄去的水仙，或供案头，或送朋友，以花寄情、思念先生。

一百多年前的那个春天，先生如报春使者来到您用尽一生去热爱去抒写的北京，庆贺春来。虽然未能进馆瞻仰先生，但从胡老送给我父亲的关于先生的文献画册和书籍中，已能深深感受到先生爱祖国、爱人民，满腔热情、孜孜不倦地为人民著书立言。读过先生文章的人都能感受到您的真实良知、朴素幽默，可亲可敬的平民情结。先生的品质如水仙高洁清正，文章的韵味如水仙香飘悠远。人民喜爱您的文章，敬重您的气节。您属于人民，是新中国文坛上的第一花——"人民艺术家"。我和女儿虽站在丹柿小院外，但依然感觉特别亲切，有一种天然的亲近，我们默默地缅怀一代文学泰斗不平静的一生。临走前女儿依依不舍轻声念着"下次再来"。这是一代又一代的小读者怀着对先生的崇敬之情与大师的心灵相约。

　　虽先生不在，然丹柿小院犹在，它是滋养世人的文学殿堂，依然牵动着五湖四海敬仰先生的心。先生是中国的，是世界的。

老舍纪念馆供图

老舍纪念馆供图

老舍纪念馆供图

老舍纪念馆供图

老舍纪念馆供图

老舍馆藏书画展

在老舍故居所感

王东

第一次去老舍故居还是上大学的时候，3 年前了。

骑着自行车从位于海淀区西三环的北京外国语大学来到东城区灯市口大街，找了好一会儿，才发现老舍先生的故居原来位于一个最平常不过的小胡同里。这是一座幽静美丽的院落，在这里，老舍先生度过了生命中最后的 16 个年头，完成了新中国成立后的全部作品。

我对这位文学大师的敬慕之情由来已久，从懵懂的少年时代就开始读老舍先生的散文《养花》，就开始对这座美丽并充满生活情趣的丹柿小院充满了向往，那个时候，老舍先生在我的脑海里是一位慈祥、充满智慧又热爱生活的老爷爷，脸上似乎总是带着亲切又温暖的笑容。

中学时代从课本中读到《骆驼祥子》选段《在烈日和暴雨下》，后来觉得不过瘾，又找来《骆驼祥子》这本小说，从头到尾细细地看了一遍，深深地为这部作品所震撼，也随着老舍先生对"祥子"们产生了深切的同情。联想到老舍先生苦难的童年，我想这里多少也有一些作家自己的影子吧。

当老舍先生还是襁褓中的婴儿时，父亲身为守卫皇城的卫士在抗击八国联军的过程中牺牲了。母亲以为别人浆洗衣服为生，把老舍养大。老舍先生曾回忆，他永远记得寒冬腊月里母亲为别人洗衣服时那双一直红肿的手。这其中的辛酸，伴随着贫苦人面对生活的坚毅、勇敢和尊严化为血液，一生流淌在老舍的身体里，通过他笔下的文字，化作对生活于水深火热之中的底层人民深切的同情和热爱。这位在我少年时代脑海里喜欢猫、爱养花的慈祥老爷爷，面对他一生同情的贫苦人，模样却是含泪微笑的样子。

置身于老舍故居，院子里的一切熟悉又陌生。熟悉，是因为它们都曾出现在老舍的作品里，老舍夫妇亲手种下的柿子树依然繁茂；陌生，是因为物是人非事事休。书房里桌子上的日历永远停在了 1966 年 8 月 24 日，那个颠倒黑白、吞噬生命的年代。

黄鹤一去不复返，白云千载空悠悠。老舍先生 9 岁时承蒙好心人资助得以入私塾，后来这位恩人行善好施，家财散尽，遁入空门，法号"宗月"。宗月大师去世后，老舍先生曾感慨地说，没有他，我也许一辈子也不会入学读书。没有他，我也许永远想不起帮助别人有什么乐趣与意义。他是不是真的成了佛？我不知道。但是，我的确相信他的居心与言行是与佛相近似的。我在精神上物质上都受过他的好处，现在我的确愿意他真的成了佛，并且盼望他以佛心引领我向善，正象三十五年前，他拉着我入私塾那样！现在，老舍先生也离我们而去，可他的作品依然用爱浇灌着我们的心灵，我也愿老舍先生真的成了佛，并以佛心引领我们向善。

丹柿小院

俞冲

同丹柿小院的因缘，还得从一本书说起。

前几年笔者写了一本关于北京话 150 年来发展变化的书，该书选择了老舍先生文学作品中的语料约三千余条，作为上世纪中叶北京话的典范例句加以注释；由此自然而然地与老舍纪念馆有了接触，认识了馆长王红英女士，进而拜访了老舍先生长女舒济先生。蒙先生错爱，谬赞拙著，为之作跋，使在下倍感惶恐；此后又常得机会承教，受益匪浅也。

早年间虽也断续读过老舍先生的一些作品，但终属泛泛；而这次笔者因要对先生作品解析诠释，仔细阅读了大量先生著作，这才深感先生文采，如长河大江；先生心路，惟道阻且长；先生际遇，是天人共愤；先生品格，与日月同光。

您写昔日的北平百姓，没有完美的好人，好人身上也有各种瑕疵（《四世同堂》中的瑞宣）；也没有纯粹的坏人，坏人也有诸多不得已处（《四世同堂》中的招弟）；有的人无法以"好坏"论处（《骆驼祥子》中的刘四爷、虎妞）；而更多的人物，或爱慕虚荣（《赵子曰》中的赵子曰）、或苟且度日（《四世同堂》中的陈野求）、或八方逢迎（《离婚》中的张大哥）、或悲怆（《月牙儿》中的"我"）、或苍凉（《茶馆》中的秦仲义）……这就是当年老北平的众生相。先生以神来之笔，将这一切写得如许灵动，气象万千。

细细咀嚼品味先生的文章，一股甘甜会撬动你的心扉，与灵魂深处那种"人之初"的本能之善产生奇妙的共鸣。

这种感觉在丹柿小院中得以物化：先生手植的两棵柿树，距今已一个甲子有奇。该柿树并非京地常见品种，而是原产于秦豫的"火晶"。秋有佳实，满树粲然，果小而红，其味极甘，核小似无，皮薄若有，口啖美果，心纳福田。

旧时京人讲究吃"树熟儿"，即瓜果待其在原生状态下成熟后采摘来吃。买来的瓜果，肯定不是"树熟儿"，所以"树熟儿"只能是自产或亲朋好友馈赠所得。去年清明期间，笔者携女儿及外孙女到丹柿小院为老舍先生像敬献鲜花，恰逢舒济先生也在，于是与您一起在老舍先生像前三鞠躬，并合影留念。秋后蒙先生记挂我家那小女孩，特意送我一包"树熟儿"的火晶柿子，嘱我"很甜呐，让小满（女孩生于'小满'日，故名）吃吧。"

小满年仅11岁，当然尚不能理解什么"甘甜的感觉撬动心灵，与灵魂深处的本能之善产生共鸣"。但丹柿小院中火晶的甜是实实在在的，伴随着她口中之甘，作姥爷的我，也时时将老舍先生文章之美咏入其耳、纳于其心。希望对老舍先生的尊崇敬仰也能在这一代人身上传下去，历久弥坚。

探寻先生的足迹——北京

2012 年，天坛街道与老舍纪念馆合作，在老舍先生笔下的"龙须沟"所在地（现在的天坛街道金鱼池社区）建立了老舍纪念馆——金鱼池分馆。两年后，老舍书屋又在这里建成，共收集、展示 100 余套与老舍有关的书籍、报刊，供居民免费借阅。

小区里有一座铜像，正是老舍先生《龙须沟》里那个活泼可爱却经历苦难的"小妞子"，小姑娘托着承载着她整个童年快乐的金鱼缸，抬头寻找希望，期盼幸福……

老舍纪念馆金鱼池分馆

老舍纪念馆供图

老舍纪念馆供图

　　2005 年 8 月 23 日老舍先生陵墓正式落成，墨绿色花岗岩左下角是老舍先生的浮雕铜像，围绕铜像刻着几道涟漪，两边汉白玉矮墙，一边以胡絜青先生生前画的菊花做成的浅浮雕为背景，上面刻写着老舍抗战爆发前所写的《入会誓词》中的一句话："文艺界尽责的小卒，睡在这里。"

附　录

老舍纪念馆简介

　　1949 年 12 月，老舍应周恩来总理邀请由美国回国，1950 年初，他购置了位于东城迺兹府丰盛胡同 10 号（今东城区灯市口西街丰富胡同 19 号）的一所普通的四合院，即今天的老舍纪念馆馆址。老舍先生在这里生活、工作了 16 年，曾几次接待周恩来总理来访，还接待过曹禺、赵树理、梅兰芳等许多文化名人，并写下了《龙须沟》《茶馆》《方珍珠》《正红旗下》等 24 部剧作小说，《养花》《猫》《草原》《林海》等大量散文杂文及其他作品。1984 年 5 月 12 日，北京市人民政府将老舍故居公布为北京市第三批文物保护单位。1997 年 7 月老舍家属将老舍故居捐献给国家，捐献交接仪式在北京市政府举行，市委书记贾庆林等市领导、北京市文物局局长单霁翔、老舍夫人胡絜青携子女出席。1999 年 2 月 1 日，老舍诞辰 100 周年前夕，老舍纪念馆正式对社会开放。

老舍纪念馆是座普通的北京四合院，整个院落布局紧凑。正门坐西朝东，灰瓦门楼，门扇为黑漆油饰。进门首先映入眼帘的是座砖砌影壁，往里走是个不大的小院，只有两间南房，是为门房；往西还有个狭长小院，是老舍之子舒乙的住房；往北是一座三合院，这是故居的主体部分。进二门，迎面是一座北京现在已少见的五彩小木影壁，影壁上贴着老舍夫人胡絜青写的福字。转过影壁，院中正房三间，明间和西次间为客厅，东次间是老舍夫人胡絜青的卧室兼画室，西耳房是老舍先生的卧室兼书房，现均按生活原貌对观众开放。西厢房和东厢房现开辟为展厅，主要通过大量珍贵的手稿、图书、照片及生前遗物，展示老舍生活与创作的历程。院内的两棵柿树是 1953 年春由老舍夫妇亲手栽种的，每到深秋果实累累，红彤彤的十分好看，因此小院得名"丹柿小院"。老舍喜爱养花，院内曾种植大量花草，尤以菊花著称，据说最多时有一百多个品种。

　　老舍纪念馆以保护故居和藏品为基本工作任务，紧紧围绕老舍先生"生在北京，长在北京，死在北京，写了一辈子北京"这个主题，主要收藏老舍先生在不同时期的作品版本以及相关藏书，另外还藏有老舍生活时期的用品、收藏的字画等，以及老舍夫人的字画。

　　目前固定展览为《走近老舍》，主要通过陈列的大量珍贵手稿、图书、照片及生前遗物，并运用多媒体互动展现老舍生平及其创作历程。老舍纪念馆每年还推出2项以上临时展览和多种题材的社教活动，以便更好地宣传老舍精神，传承京味文化。

老舍纪念馆是东城区青少年爱国主义教育基地、北京市青少年校外活动基地、北京市社会大课堂活动基地和"蓝天工程"优秀资源单位，以及黑芝麻胡同小学、方家胡同小学校外教育基地，及北京邮电大学、中央财经大学志愿者服务基地。由志愿者们提供的讲解服务也博得了观众们的大量好评。

老舍纪念馆供图

开放时间：

09：00—16：00（15：40 停止进入），周一闭馆（法定节假日除外）。

参观请预约，团体观众务必提前一天以上预约。

门票费用：

免费

联系电话：

010-65142612

乘车指南：

乘 104、103、140、特 11、108、111 路灯市西口站下车往西走或 2、60、82 路北京妇产医院站下车往东走。

地铁 5 号线灯市口站下车往西走，1 号线王府井站下车往北走，6 号线东四站下车往西南走，15 分钟左右即到。

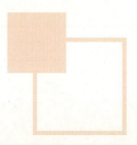

图书在版编目（CIP）数据

我们在老舍纪念馆 / 王红英主编. —北京：中国国际广播出版社，2018.12
ISBN 978-7-5078-4406-1

Ⅰ.① 我⋯ Ⅱ.① 王⋯ Ⅲ.① 老舍（1899–1966）－纪念馆－概况 Ⅳ.① G268.1

中国版本图书馆CIP数据核字（2018）第285039号

我们在老舍纪念馆

主　　编	王红英
副 主 编	何　婷　尉　苗
责任编辑	张　亚　李　卉
版式设计	国广设计室
责任校对	张　娜

出版发行	中国国际广播出版社 ［010-83139469　010-83139489（传真）］
社　　址	北京市西城区天宁寺前街2号北院A座一层
	邮编：100055
网　　址	www.chirp.com.cn
经　　销	新华书店
印　　刷	环球东方（北京）印务有限公司

开　　本	710×1000　1/16
字　　数	120千字
印　　张	12
版　　次	2018 年 12 月 北京第一版
印　　次	2018 年 12 月 第一次印刷
定　　价	85.00 元（含mp4光盘）